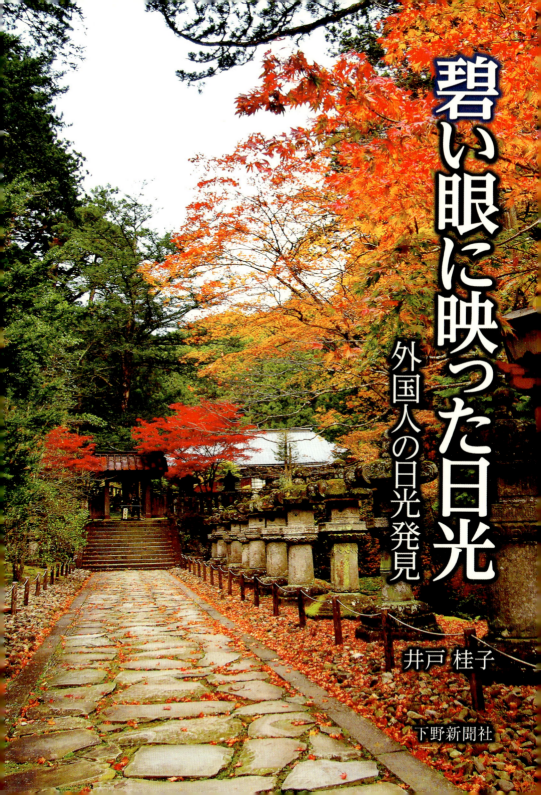

碧い眼に映った日光
外国人の日光発見

井戸 桂子

下野新聞社

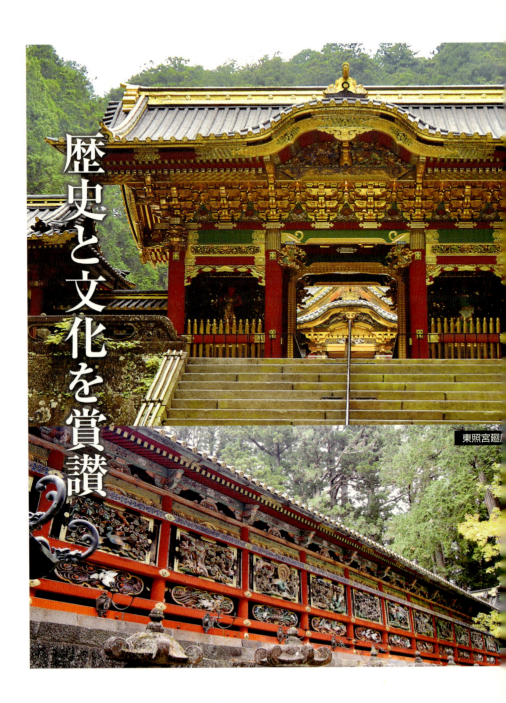

歴史と文化を賞讃

東照宮廻廊

美しい自然に感動

男体山　東照宮の杉

本書で 碧い眼の訪問者が注目した 主な箇所

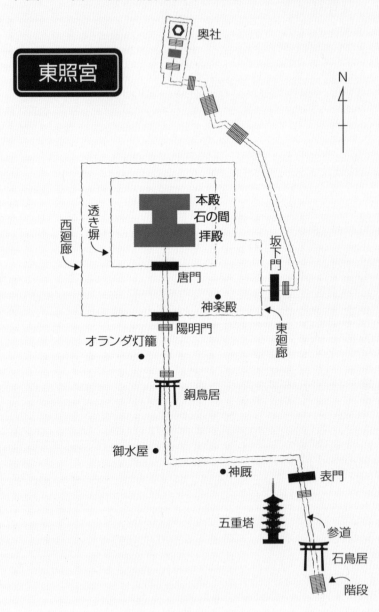

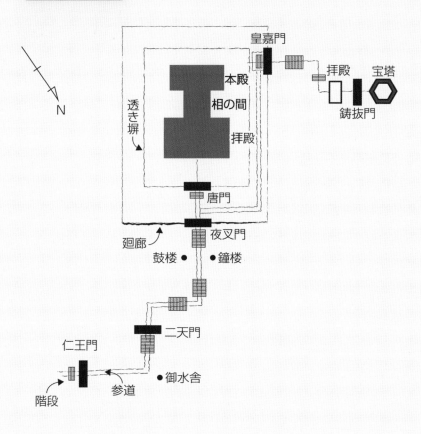

碧い眼に映った日光　外国人の日光発見

目次

プロローグ …………………………………………… 12
「日光の宝石」
「魂のコンサート」
「私は伝えることが全然できない」
「ここでの滞在は非常に心地よい」
「箱根の湖よりもずっとうつくしい」
「実に美しく、平和そのもの。コモ湖の風景が浮かんできた」

はじめに ……………………………………………… 16

第1章　日光と外国人 ………………………………… 17
異人の東照宮参拝
旅行免状と英文ガイドブックを持って
宿泊施設と交通の整備
皇室と日本の要人の来晃
中禅寺湖畔へお引越し

第2章　登場人物紹介 ……………………………… 25

1. アーネスト・サトウ
2. エミール・ギメ
3. エドワード・モース
4. イザベラ・バード
5. ピエール・ロチ
6. ヘンリー・アダムズ
   ジョン・ラファージ
7. メアリー・ダヌタン
8. ポール・クローデル

第3章　杉並木　そして　神橋 ……………………… 39

日光杉並木
神橋

第4章　東照宮 ……………………………………… 49

はじめに
上へ上へ　ますます美しく
石鳥居と五重塔
表門（仁王門）　神厩　御水屋
銅の鳥居　オランダ灯籠　そして陽明門へ
廻廊と陽明門
最後の空間　～神楽殿　唐門と透き塀（玉垣）～
御本社 1　拝殿と将軍着座の間
御本社 2　金色の描写
御本社 3　本殿　何もないことを知る
眠り猫　石段　家康の墓へ

第5章	輪王寺　〜大猷院　常行堂　三仏堂 ……… 73
	輪王寺　〜東照宮と比して〜
	大猷院へ　門・階段
	大猷院　1　拝殿・相の間・本殿
	大猷院　2　外からの本殿　皇嘉門
	常行堂　〜ギメの勤行参加と　思いがけないプレゼント〜
	本堂（三仏堂）　1　〜解体移築の目撃者〜
	本堂　2　〜移築後の御堂の中に　三体の仏様〜

第6章	日光聖山　〜全体の印象 ……………… 91
	「日本のメッカ」〜ロチの評価〜
	「ヴェルサイユも大したショウではない」〜アダムズの手紙〜
	「森の中の黄金の櫃（ひつ）」〜クローデルの詩〜
	維持管理に眼を見張る

第7章	滞在先 ……………………………… 101
	輪王寺　〜本坊と塔頭〜
	鈴木ホテル　日光ホテル
	金谷カッテージ・イン、そして金谷ホテルへ

第8章	中禅寺坂 …………………………… 115
	そもそも・・・
	徒歩と駕籠（かご）で　〜「絶壁に沿った、なかなか登れない坂道」〜
	「駄馬で実験的に」「垂直に近い道を」〜バードとアダムズ〜
	時に人力車で快適に、時に奔流の川床と化した道を歩き
	〜ダヌタン夫人の日記から〜

| 第9章 | 中禅寺湖 1　湖をめぐって ················ **127** |

うつくしい湖　〜全員が魅了される〜
修験者と茶屋
ひと泳ぎ　〜アダムズとクローデル〜
ヨットレース　〜ダヌタン夫人の証言〜

| 第10章 | 中禅寺湖 2　別荘物語 ···················· **135** |

「全員を誘って、うちでお茶」　〜サトウの別荘〜
「日本家屋をとても気に入った」　〜ダヌタン夫妻〜
「生活は麗しく、パリのことなど忘れてしまう」　〜クローデル〜

エピローグ ································ **148**

登場人物のその後

あとがき ································· **156**

いろはコラム

① 日光の歴史　3つのキー…**24**
② 四本龍寺と本宮神社…**47**
③ 交通の発達…**48**
④ 金谷ホテルのゲストブック…**112**
⑤ 険しい中禅寺坂　徒歩から人力車、そして自動車で…**124**
⑥ 「つづら折り」はいま、「ヘアピンカーブ」に…**126**
⑦ 「Chuzenji」を目指して…**126**
⑧ 国際社交場「西六番」の栄衰…**147**

プロローグ

「日光の宝石」

　明治5（1872）年の3月18日、イギリスの外交官アーネスト・サトウ（28歳）は、東照宮に隣接する三代将軍徳川家光の霊をまつった廟、大猷院への参道を登っていた。夜叉門で振り返って心奪われた。「何と美しい眺めだろう。樹々の葉が重なり、樹木の間からほんの少し山の部分が見え隠れする。この風景は日光の宝石だ。[1]」

　サトウは、1862年に19歳で通訳生として来日して以来、幕末維新の修羅場に立ち会い、いまも日本で情報収集を続けていた。そして山岳信仰と徳川の聖地で名高い日光を訪問し、その虜となったのだが、それはまずこの魅力的な眺めに出会ったからだった。

　「4日間、江戸からぬかるみの平地をたどって来た甲斐があった。[1]」サトウは当時まだ一般に江戸と呼ばれていた首都から、駕籠と人力車と馬と徒歩によって、ぬかるみの中、4日もかけてたどりついたのである。しかしその苦労は充分にむくわれた。

　帰京すると、さっそく、外国人向けの新聞に、日光訪問記を連載した。外国人が日光に関心を寄せる扉は、開かれた。

「この風景は日光の宝石」
（アーネスト・サトウ、大猷院 夜叉門より振り返る）

「魂のコンサート」

　その4年後の明治9（1876）年の9月、フランスはリヨンの実業家エミール・ギメ（40歳）が、東照宮の鳥居をくぐり、中庭を歩き、建築を愛で、御本社へ向かいながら、その美しさに圧倒されている。「これは、積み重なった美のクレッセンドである。[2]」と讃える。奥に行くほど増していく、日本美の豊饒を感じたのである。

　さらに輪王寺（当時は満願寺）では、副住職に招かれて、ギメのために催された特別な読経に参加し、「魂のコンサート、人間を超えた世界から来たハーモニー[3]」を聞いて、こ

の和音に深く感動した。さらに帰京する日、副住職から思いがけぬプレゼントをもらう。それは、「母国でお堂を建てたいのなら、調度一式を寄付します」との申し出であり、当然のことながら彼は喜んで受け取った。

現在はパリの国立ギメ東洋美術館にあるフランスの至宝、ギメ・コレクションは、東照宮での感動と輪王寺の厚意から生まれた。

「私は伝えることが全然できない」

ギメ来訪の翌年、明治10(1877)年の6月末、アメリカから一人の進化論学者エドワード・モース(39歳)が来日した。モースは大森貝塚の発見で、有名である。10日もしないうちに日光に出かけ、2時間かけて東照宮を見学し、思わずつぶやく。「精巧、大規模、壮麗・・・その一端を伝えることすら、私には全然できない。[4]」

独学の科学者モースは、一般受けする科学の講演によって母国で人気を博していた。黒板に絵を描くときは両手を一度に使って一つのものを描きあげるほど、ひとに伝えることに特異の才能を発揮する。その彼が、なんと日本芸術と細工の素晴らしさを伝えることはあきらめたのである。

モースは東照宮の「精巧、大規模、壮麗」に圧倒された

この衝撃は、彼の来日前の日本観を逆転させた。「外国人は日本人にすべてを教えるつもりで来た[5]」が、それが誤解であることに気づき始めた。

モースは日光の後、江ノ島で生物の研究をし、関西そして、九州までも骨董蒐集の足を伸ばすのだが、各所で西洋と日本を比べ、日本に軍配を上げる。米国に帰国後も、ボストンで日本を紹介する講演を行なったが、彼の日本への心酔は、日光にその始まりがあったのである。

●注 1) Ernest Mason Satow, *A Guide Book to Nikkô* (Yokohama, 1875) (Edition Synapse, 1999) p.22. 以下、Satowと略す。なお、本書は井戸桂子訳。
2) エミール・ギメ著、青木啓輔訳 『東京日光散策』(雄松堂出版、『新異国叢書』第Ⅱ輯第8巻 昭和58年) 151頁。以下、ギメと略す。 3) ギメ、165頁。
4) エドワード・モース著、石川欣一訳 『日本その日その日1』(平凡社東洋文庫、1989年) 64頁。以下、モースと略す。なお、旧字体・長文など一部変更した。 5) モース、40頁。

「ここでの滞在は非常に心地よい」

　モース来訪の翌年、明治11（1878）年6月中旬、「旅行好きの優美なつばめ」が日光に舞い降りた。イギリスの女性旅行家イザベラ・バード（46歳）である。
　横浜でヘボン博士から、「金谷カッテージ・イン」を開いた金谷善一郎氏を紹介され、10日ほど滞在した。この日光のわが家について次のように記す。「川の流れと小鳥のさえずりが聞こえてくるだけの音楽的な静けさには、本当に心が洗われる。[6]」この心洗われる空間に住み、日本の中流家庭生活を間近に見て、バードは「ここでの滞在は非常に心地よいものに感じられる。[7]」と述べている。
　教養あるイギリス女性にとって、この上質な時間の流れは、まさに、理解し共有できるものであった。
　バードは日光のあと、日本の奥地への旅行に挑む。すなわち、外国人が誰も踏み入れたことのない道をたどり、新潟から裏日本を巡り蝦夷に向かう。日光は、その前のひとときの「贅沢」であった。
　ここで彼女が受けたもてなしの心は、いま、140年を経て金谷ホテルに受け継がれている。

「箱根の湖よりもずっとうつくしい」

　明治5（1872）年の3月、東照宮を訪れる前の日に、前述のイギリス外交官サトウは雪深い坂を登り、中禅寺湖を訪れていた。初めて湖を目にしたサトウは、その美しさを日記に書きとめている。「絵のようにうつくしい湖で、鬱蒼たる樹木に囲まれた山々がこれを取り囲んでいる。[8]」
　3年後に彼がまとめた英文の『日光ガイドブック』では、当時有名であった箱根の湖より中禅寺湖をほめている。「男体山のふもと、樹々が頂きまで覆った丘に囲まれている。箱根の湖よりもずっと絵のようにうつくしい。[9]」
　この感動的な出会いからおよそ二十数年後、公使として再来日すると明治29（1896）年、湖畔の砥沢に別荘を建てている。中禅寺湖畔に花開く、外交官の別荘生活の始まりとなった。

「実に美しく、平和そのもの。コモ湖の風景が浮かんできた」

　サトウと同じく中禅寺湖畔の別荘生活をリードしたのは、ベルギー公使夫人のメアリー・

プロローグ

ダヌタンである。

　明治27(1894)年8月28日、メアリーは夫と共に、イギリスの法律家カークウッドの中禅寺湖の別荘に招かれた。湖岸に建つ家からの景色を見て、思わず息をのむ。「実に美しく平和そのもの。この日は静かな夏の日で、湖は明るく晴れ渡り、水の色も一層青く見えた。この景色を見ていると、似通った点が多いコモ湖の風景が私の心の中に浮かんできた。[10]」

　この翌々年、夫妻は湖畔に自分たちの別荘を持つ。避暑の中心は、もう箱根の富士屋ホテルではなく、もっぱら中禅寺湖に移った。

　「夏の外交は日光で」と後に言われるほどになったきっかけは、イギリス上流階級出身のメアリーの心をとらえた「平和そのもの」の中禅寺湖の碧さであった。それはイタリア・アルプスの名勝「コモ湖」に匹敵するようである。

中禅寺湖
ダヌタン夫人は美しい景色として有名な、イタリア・アルプスの「コモ湖」を想い出した

●注 6) イザベラ・バード著、金坂清則訳注 『完訳日本奥地紀行1』(平凡社東洋文庫、2012年) 144頁。以下、バードと略す。なお、数字、注の表記など一部変更した。
　　7) バード、177頁。　8) 萩原延壽『遠い崖9』(朝日新聞社、2000年) 151頁。　9) Satow, p.33.
　　10) エリアノーラ・メアリー・ダヌタン著、長岡祥三訳 『ベルギー公使夫人の明治日記』(中央公論社、1992年) 64～65頁。以下、ダヌタンと略す。

はじめに

　日光の社寺は平成11年、1999年に世界遺産に登録され、内外から多くの観光客が訪れている。
　しかし、外国人の訪問が明治のごく初めに始まったことは、意外に知られていない。それどころか、日光を復活させ、発展へとつなげてくれたのは、外国人なのであった。
　プロローグでみたように、明治10年ごろまでに、日光東照宮と輪王寺（りんのうじ）の山内（さんない）近辺は、外国人たちの賞讃を受け、明治20年代の後半から、中禅寺湖畔に外交団の別荘生活が花開く。

　外国人は、この日光を、どのように見て歩いたのであろうか。
　何が魅力であったのか。
　碧（あお）い眼に、日光はどのように映ったのであろうか。

　本書では、日光街道の杉並木から日光市内、中禅寺坂（現在の第一いろは坂）をのぼって、中禅寺湖まで、現在の姿を写真でご紹介し、そして同時に、外国人がそれぞれの場所で、どのようなコメントを残し、どのように感動したかを、たどっていきたい。
　もちろん、明治時代と現在とでは変化もあるが、世界遺産の社寺に於いても、中禅寺湖に於いても、その信仰と芸術、自然の美しさは、いまも変わらない。
　外国人の印象記をひもとき、見直すことによって、いっそう深い、あるいは意外な、日光の姿が浮かび上がるはずである。

　お話しの進め方としては、まず第1章で、明治から大正まで日光の発展を振り返り、第2章では、日光を訪れた遠来の客人を紹介したい。
　そして、第3章から、順次、場所ごとに日光を登場人物と共に歩いてみたいと思う。

　では、明治維新後の日光の移り変わりを見てみよう。

第 1 章　日光と外国人

金谷ホテル 大正期のゲストブック

第1章　日光と外国人

　1868年（明治元年）10月、山岳信仰と東照宮で長く栄えてきた日光は、明治維新を迎え事情が一変した。経済的な逼迫（ひっぱく）の上に、神仏分離令（しんぶつぶんりれい）により東照宮、二荒（ふたら）山神社（さんじんじゃ）、輪王寺（りんのうじ）（満願寺（まんがんじ））への分立を余儀なくされたのである。徳川幕府の庇護を受けていた江戸時代とは正反対に、逆境に直面することになった。
　その後賑わいを取り戻したのは、外国人の来晃（らいこう）（日光訪問）のおかげだったといえる。

異人の東照宮参拝

　国際交流の地となる日光にとって最初の幸運は、明治3（1870）年の5月、英国公使パークス夫妻一行が東照宮を訪問したことである。東照宮側がやや困惑しつつも、外国人を迎え入れたことが、事をスムーズに運ばせた。もちろん、この外国人の参詣は、東照宮側にしてみれば、前代未聞のことであった。
　東照宮に保存されている【社家御番所日記（しゃけごばんしょにっき）】[11]によれば、明治3（1870）年旧暦4月8日に、知事に当たる栃木県令より、英国公使以下、士官6人、婦人1名、付添16人、人足20人で登山する旨が通知された。4月14日当日、一行は唐門で靴を脱ぎ、「かむりもの」も同じく取り、拝殿にて参拝したが、「奥院江も参拝いたし度旨掛合」、社家側での相談を経て、「此度限り参拝被致可」ということで、奥の院に昇殿した。

　つまり東照宮側は、彼らがまずは帽子をとり、靴を脱いでくれたことに安堵した。しかしそれも束の間、奥の院昇殿を希望されて困惑し、今回に限りということで許可したのである。
　ここに、外国人の日光参詣の先鞭が付けられた。

　一度英国公使が参拝すれば、外国人が後に続くことは不可能ではない。事実、【社家御番所日記】によれば、何人かの「夷人」「異人」「外国人」が翌明治4（1871）年に来訪した。

　そして明治5（1872）年旧暦2月、プロローグで述べたように、英国外交官のアーネスト・サトウが代理公使アダムズと来晃した。【社家御番所日記】には、このときの来訪がパークスの時以上に詳細に記されている。栃木県令から「不都合や不敬のない」よう指示され、通達には「県の失態」とならないようにとの文言まで見られる。東照宮側は前回の希望もある

第1章　日光と外国人

ので、奥の院も掃除して迎えた。
　そのサトウは、「日光の宝石」と「絵のようにうつくしい湖」とに、心奪われている。日光の模様をこまかく記録し、横浜の『ジャパン・ウィークリー・メイル紙』同年3月号と4月号に、日光の魅力を公開した。
　これをきっかけにして、在京外国人の目は、公開された日光に向けられるようになった。

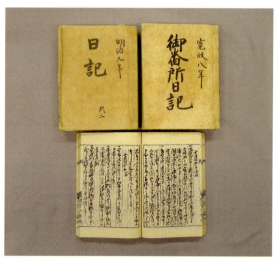

【社家御番所日記】の原本
東照宮に保管される貴重な資料

旅行免状と英文ガイドブックを持って

　次の幸運は、明治7（1874）年に「外国人内地旅行允準条例」が制定され、「外国人内地旅行免状」を取得した外国人が休暇にいくのを許された数少ない地区に、熱海、箱根と並んで、日光が指定されたことである。
　この指定と共に、先のサトウが外国人向けに日光への案内書 A Guide Book to Nikkô『日光ガイドブック』を明治8（1875）年に発行したことも、外国人の後押しとなった。42ページというさやかな英文のガイドブックであるが、日本で発行された英文のガイドブックとしては、明治6（1873）年の京都、明治7（1874）年の横浜に続く、3冊目である。
　さらに明治14（1881）年には、A Handbook for Travellers in Central and Northern Japan『中部北部日本旅行案内』を発行し、さらに日光を詳しく紹介した。
　それだけ日光が、外国人の関心を集め始めていたことを示すし、また一方では、このガイドブックがあれば、外国人は安心して日光に向かえる。
　こうして、外国人側は、「旅行免状」と「ガイドブック」を手に持って、用意万端、日光へ行く気満々になった。

●注 11）【社家御番所日記】は、東照宮所蔵で、江戸時代から明治3（1870）年のものは、東照宮より出版されているが、それ以降は未刊である。明治7（1874）年以降は「東照宮社務所日記」「日記」など名称が変わり、「社務日誌」に定着する。

宿泊施設と交通の整備

　外国人がこのように来訪を希望するなら、今度は迎える側が努力をする番である。宿泊施設の用意と、交通の整備である。

　宿泊施設は当初は輪王寺の僧坊や金谷の家が提供されていたが、明治4（1871）年に旅館スタイルではあったが、鈴木ホテルが外国人客を受け入れ、金谷も明治6（1873）年に金谷カッテージ・インとして営業を開始した。

　同時に交通手段が整備されていく。早くも明治5（1872）年に千住と宇都宮間の鉄道馬車が通い、明治18（1885）年に待望の鉄道が上野と宇都宮間に全通した。

　鉄道が宇都宮まで通じれば、そこに1泊し、あとは人力車で行ける。従来の3泊4日から1泊2日と、だいぶ近くなった。

　明治19（1886）年には関西からコレラが流行し、東京にも及ぶ。避暑だけでなくコレラから逃れるために、開通したばかりの鉄道を利用して、外国人たちは日光に滞在した。さらにこの年には夏の3ヶ月間、電信所がオープンした。

　その結果、明治20（1887）年には、来晃の外国人は1200名を超えた。

　その上、明治23（1890）年には、鉄道がいよいよ日光まで延長された。

日光駅舎は、JR東日本管内でもっとも古い木造建築

第1章　日光と外国人

もう暑い中、人力車に揺られる必要はなくなったのである。

当然、訪問者は増える。すると、宿泊施設はさらに必要になり、明治21（1888）年に日光ホテルが開業し、明治26（1893）年には現在の地に金谷ホテルがオープンした。

このように、鉄道開通とホテル開業が相乗効果を生んで、日光は賑わっていく。明治20年代、外国人の訪問者数は急上昇し、明治25（1892）年には2000人を超え、明治30（1897）年には5400名を数えた。たった5年で倍以上の増加である。

さらに、この外国人の来訪が新しい動きを引き起こした。

皇室と日本の要人の来晃

日光に関心を持つのは、外国人だけでなくなった。皇室と日本の要人も、日光を訪れるようになる。

皇太子（のちの大正天皇）が日光を

大正天皇がお過ごしになった
日光田母沢御用邸記念公園（同所提供）

好まれ、初めは東照宮御殿地の「朝陽館」に、さらに明治32（1899）年造営の田母沢御用邸に行幸された。この御用邸は大正10（1921）年のころまで増改築が続けられ、皇室の中でも最大級の御用邸となった。

また、明治中ごろになると西洋化の影響で、夏休みを取るという習慣が上流階級あるいは官庁や教育関係者に浸透し始めた。日本の指導者たちや大学関係者は夏休みを取り、避暑に日光に来るようになる。

邦人来晃者は年によって差はあるが、明治20年代後半、7万人から10万人へと増加した。明治30（1897）年の頃、外国人と日本人の避暑客・観光客で、日光の町はごった返すようになっていた。

中禅寺湖畔へお引越し

ところが賑わいすぎるのは、先発組の外国人たちにとっては不満だった。彼らは、さらに奥にある中禅寺湖畔を目指すこととなる。

そこには、サトウとダヌタン夫人メアリーの言葉の通り、絵のように美しい平和な湖があった。イギリスの湖沼地域を彷彿とさせるという外国人もいた。

しかしこの奥日光に住むには、問題が2つあった。険しい中禅寺坂と、湖畔の貧弱な設備である。

金谷ホテル本館前にＴ型フォード車が並ぶ（所蔵　金谷ホテル株式会社）

　中禅寺坂は険しい上に、洪水に見舞われると細い道はすぐ不通になる。「馬返し」の地点では、文字通り乗っていた馬を返してそのあとは駕籠か徒歩で進まねばならない。

　そこで、明治20年代前半に、つづら折り（幾重にも曲がりくねった坂道）の新道がつくられた。これで、人力車で登れるようになったし、坂の上まで荷物を運ぶことも多少できる。さらに皇太子のみならず外国の要人らが奥日光を訪れるたびに、何度か拡幅が繰り返された。そしていよいよ大正14（1925）年、乗合自動車の通ることのできる道幅に拡張された。

　湖畔についていえば、住民が住み始めたのは明治10（1877）年ごろ、六軒の茶屋が旅館として営みを始めてからである。サトウが中禅寺を紹介し、ことに明治26（1893）年の英文旅行案内書に釣りの楽しみが掲載されて、

レーキサイトホテルは現在「日光レークサイドホテル」に

第1章　日光と外国人

滞在者が増加する。そこで、あのつづら折りの新道を利用して建築資材を運び上げ、明治27（1894）年、西洋式ホテルがオープンした。レーキサイト・ホテルである。

しかし、別荘に滞在するのが、外国流の休暇である。カークウッドが最初と言われるが、つづいてサトウやメアリー・ダヌタンのように、別荘を建てたり貸家を利用したりして、春の新緑、夏の避暑、秋の紅葉を楽しむようになる。それならば、と、国ごとに別荘利用を実現し、イギリス、フランス、イタリア、ベルギー、ロシア等の大使館別荘が湖畔に並ぶようになった。

大正から昭和の太平洋戦争前まで、中禅寺湖畔に、外国人の華やかな避暑地生活が展開した。

こうして明治以後の日光は、当初は宗教関係者が外国人を迎え入れ、次いで地元がサービスを提供し、発展していった。当初の心配は、外国人のおかげで、吹き飛んだ。

では、どのような人々が、この日光に魅力を感じ、文章や手紙に残したのであろうか。惜しげもない褒め言葉、あるいは、うろたえるほどの感動、あるいは、違和感も含めた率直な感想。

わたしたちがこれから拾い上げる言葉の持ち主を、次にご紹介したい。年齢、職業、思想、価値観、人生のどのタイミングで訪れたのか。9名の欧米人の横顔を、日光訪問年代順にスケッチする。

わたしたちの第3章からの旅の先導役になってくれる彼ら自身もまた、なかなか魅力的なのである。

道を幾重にも曲りくねらせて、新道は坂を登りやすくした。それでも険しい坂に変わりはない。滝が高低段差を示す

いろはコラム1　日光の歴史　3つのキー

　日光は、1999年、世界遺産として登録され、世界の中の文化遺産として、新しい歴史を作り始めている。これまでを振り返ると、日光の発展には3つのキーがある。

　1つ目のキーは、勝道上人の開山である。栃木県下野地方の出身の僧で、奈良時代の末に、いまの神橋のそばに草庵を結び四本龍寺を建立した。15年の修行の後、補陀洛山（フダラクサン＝二荒山 フタラヤマ）すなわち現在の男体山の頂きを極めた。山頂に祠（奥宮）を祀ったのち、美しい湖のほとりに寺を建て、修行の場とした。これが霊場日光山の始まりである。
　山内のお寺は平安時代には勅願を満ずる「満願寺」と寺号を改め、鎌倉・室町時代に神仏習合が進展し、関東の比叡山と言われるほどの一大霊山となった。

　2つ目のキーは、徳川家康の遺言である。「日光山に小キ堂をたて。勧請し候へ。」（金地院宗伝の日記『本光國師日記』より）との言葉から、1616年薨去のあと、住職天海大僧正は、1617年、家康公を朝廷から賜った神号「東照大権現」として日光山に祀る。続いて1645年、日光の東照社に宮号が宣下され、「東照宮」となった。この後、幕末まで毎年、朝廷から例幣使が遣わされた。
　霊山全体としては、1655年に守澄法親王（後水尾天皇の皇子で、前年から日光山貫主）が輪王寺宮号を朝廷から賜り、ここに、東照宮・大猷院を中心とする一山を輪王寺宮が統括するという独特の形態が生まれた。以後、日光山は宮門跡を頂く聖地として栄えた。

　3つ目のキーは、明治期の外国人の来訪である。神仏分離の影響で日光の衰微が懸念されたとき、パークス英国公使夫妻が東照宮を参拝し、口火を切った。続いて英国の書記官サトウが日光と中禅寺湖畔を気にいって、英文の『日光ガイドブック』を執筆した。その後、いかに多くの外国人たちが魅きつけられていったかは、本書に見る通りである。

勝道上人像　782年に男体山の頂をきわめた

第 2 章 登場人物紹介

日本文化に親しむ フランス大使、ポール・クローデル

第２章　　登場人物紹介

１　アーネスト・サトウ
Ernest Satow　　　　（1843～1929）

【明治５年（1872年）、日光を初めて訪問。その後、何度も来晃。明治28年（1895年）公使として赴任、再訪。翌年、別荘を持つ】
（横浜開港資料館所蔵）

　サトウは、幕末明治期の外交官の中でも日本人にはお馴染みであろう。文久２（1862）年19歳のとき通訳生として来日し、日本語が堪能で、英国と薩長を結ぶなど活躍した。維新後は通訳書記官として、各地を調査し、学究派で著作も多い。
　明治５（1872）年、28歳の時、初めて来晃した。A Guide Book to Nikkô（『日光ガイドブック』）を明治８（1875）年に発行したほか、明治14（1881）年には共著で、A Handbook for Travellers in Central and Northern Japan（『中部北部日本旅行案内』）という本格的な案内書を出版し、もちろん日光についても詳しく書き記している。この書は版を重ね、外国人旅行者必携の書となった。いわば、日光紹介の恩人である。
　では、通訳書記官サトウにとって、日光はどのような意味を持っていたのであろうか。
　非エリート出身のサトウは、明治の初め岐路に立っていた。サトウのルーテル派という宗教も、ユニヴァーシティ・カレッジという出身大学も、伝統的なイギリス外交官社会では主流ではなく、館長職への道はない。この心の屈折を、地誌研究と植物研究によって癒そうとしていた。そんな青年にとって、日光は大切な訪問先であったし、実際に癒されていた。
　しかし、熟慮の結果、40歳になったサトウは、一度日本を離れることを決意する。タイ、ウルグアイ、モロッコで勤務し、その間に、英国国教会へ回心し、ヴィクトリア女王からサーの称号も得た。
　そして明治28（1895）年、晴れて全権公使として再赴任した。52歳になっていた。今回は中禅寺湖畔の砥沢に別荘を建て、別荘生活の先鞭をつけた。公使時

代の日記には、中禅寺はじめ日光の記述が多い。館長としての公務の合間に、日光を訪れては社交と散歩を楽しんだ。

なお、今回、本書で紹介するサトウの言葉は、おもに、A Guide Book to Nikkô(『日光ガイドブック』)から集めた。ただし、中禅寺湖畔の別荘生活については、公使時代の『日記』から拾った。

2　エミール・ギメ
Émile Guimet　　　　(1836～1918)

【明治9年(1876年)、40歳で訪問】
(ギメ家所有)

いま、フランスのパリで、「ギメを知っていますか?」と問えば、「国立ギメ東洋美術館」という答えが返ってくるだろう。

ギメはフランスのリヨンのブルジョアの旧家に生まれる。父は科学者で、高価で有名な顔料ラピスラズリーに代わるウルトラマリンを作ることに成功し、莫大な財産を築いた。母は画家の娘で、自らも教会の壁画や絵画を描いていた。長男のエミールは、経営者として活躍すると共に美術と音楽への関心を深めた。異国の美術品の蒐集(しゅうしゅう)を始め、同時にその文明や宗教も極めたいと考えた。手始めは古代エジプトであったが、アジアへも関心を向けた。

そこで40歳の裕福な実業家は、日本の宗教を実地調査しようと、明治9(1876)年8月26日、横浜港に降り立った。写真の普及していない時代なので、記録のために画家のレガメを同道していた。横浜、鎌倉、江ノ島を、つづいて東京を見物し、河鍋(かわなべ)暁斎(きょうさい)にも会っている。

9月10日に、日光へ向けて出発した。領事館の書記官に同行を頼み、通訳とコックまで雇って、人力車を7台つらねて旅立った。当時の慎重かつ大がかりな外国人の旅行ぶりがうかがえる。

3日間の滞在の間、日光東照宮と輪王寺を参拝し、感銘を受けるとともに、この地が外国人にとってきわめて魅力的であることを実感する。また、天狗の話など民話も書きとめ、日本人への温かなまなざしを持つようになっていた。

そして日光で良い印象を受けたギメは、

宗教研究にも一層熱心になった。その後東海道を西進し、廃仏毀釈によって手放される仏像の蒐集に注力している。持ち帰った品々は、神仏像約600点、宗教画約300点、陶磁器は数え切れないほどであった。

本書での彼の日光印象は、帰国後すぐに出版した『東京日光散策』から取ったものである。

3 エドワード・モース
Edward Morse （1838～1925）

【明治10年（1877年）、39歳で訪問】
（東京大学総合研究博物館所蔵）

モースは、「大森貝塚の発見者」として知られている。土器に「縄文」という言葉を命名したのも、モースだった。

では、彼は考古学者であるのか？

いや、訪日をきっかけに、彼は科学者から日本紹介者へ転向したといえるほど、人生行路を変更した人物なのである。

アメリカの東部ポートランドに生まれ、貝類の採集に熱中していた少年は、独学で学び、動物学者と認められ、学士院にあたるアカデミー・オブ・サイエンスの会員に選ばれた。そんなユニークな経歴のモースは、日本について何の予備知識もなく、シャミセンガイなどの腕足類の研究のために39歳のときに来日した。

明治10（1877）年6月18日、船が横浜港に投錨した途端、日本の光景に眼も耳も奪われたという。彼は「叫びたいくらい嬉しくなって――実際小声で叫んだが――日本の海岸に飛び上った。[12]」横浜でも東京でも、日本の魅力に感じ入ったようだ。

さて、東京で庶民の生活を活写していたモースであるが、日光では東照宮はじめ寺社を見て、スケッチも文章で説明することも投げ出している。プロローグで述べた通り、驚嘆し、その精巧さ、規模、壮麗さの一端も伝えられない、というのである。なぜだろうか？

シンプルで明るく開放的な日本の庶民の様子は、彼の筆で共感をもって描写できた。しかし、精緻で複雑、しかも圧倒的な迫力で表現する聖地を前に、モースは脱帽。自分のスケッチや文章の力を超えると正直に述べている。シンプルさと複雑さ。開放感と深い重み。明るく礼儀正しい庶民もいるし、同時に、簡単には表現しきれない伝統がある等々。

こうして日本びいきになった彼は、滞在予

定を変更する。アメリカで彼の講演を聞いた文部官僚の外山正一に頼まれて、東京帝国大学のお雇い外国人教授となったのである。２年間教鞭をとってアメリカに戻る。帰国後に何度も行なった日本紹介の講演会は評判を呼び、日米交流のキーマンとなる。

本書でのモースの言葉は、『日本その日その日』より集めた。内容は文字通り、上陸した瞬間からの印象を、その日その日ごとに見事に活写したものである。

4 イザベラ・バード
Isabella Bird　　　　　（1831～1904）

【明治11年（1878年）、46歳の時、東北と蝦夷に向かう途中日光を訪問。明治28年（1895年）と29年（1896年）に、中国朝鮮への探検旅行の前後にビショップ夫人として再来日。金谷ホテル、中禅寺湖畔と湯元に滞在】
（所蔵　金谷ホテル株式会社）

日光を訪れた外国人女性で最も有名なのは、イザベラ・バードである。金谷（かなや）とも縁が深く、いまも、金谷ホテルのフロントに立つと、この凛（りん）とした姿で写る彼女が迎えてくれる。

女性で探検するのだから、きっと20歳代か30代前半に違いないと想像しがちである。しかしそうではない。このイギリス女性が来日したのは46歳のときで、迎えたパークス公使よりも、もちろんサトウ書記官よりも、年長であった。

バードは正義感の強い牧師の父と慈善家の母から、ヴィクトリア朝の女性として厳格な教育を受けて育ち、病弱の体を治すために海外旅行を始めた。しかし本格的に旅を開始して著作を発表するようになったのは、当時は女性の活躍が制約されていたことから、父母を看取ってからである。

明治5（1872）年からオーストラリア、ハワイ、アメリカロッキー山脈を旅し、ハワイでの旅行記を明治8（1875）年に出版したところ、好評で、女性旅行家として少しずつ世間に認められ始めていた。

次の旅行先について進化論のダーウィンに助言を求め、日本には目新しいものがたくさんあるので、と調査研究に訪れることにした。蝦夷（えぞ）でアイヌに会うことも目的の一つであった。

明治11（1878）年５月、横浜に到

●注 12) モース、4頁。

着すると、早速ヘボン博士の助けを得て通訳と案内に18歳のイトウを採用し、公使館のパークスとサトウからは紹介状を受け取った。

旅の目的は、蝦夷に向かって「踏み固められていない、未踏の地を行く」（まさに書名の Unbeaten Tracks である）ことであった。だから6月、日光へ向かう道は、主な街道の宇都宮経由ではなく江戸時代に朝廷の使者が通った例幣使街道を選ぶ。

日光ではプロローグで引用したように、金谷邸で心地よいときを過ごす。

バードが滞在した金谷邸

滞在が九日間にもなるから、「もう『ケッコウ』という言葉を使ってもよいだろう[13]」と嬉しそうに東照宮を叙述する。

しかし日光まではガイドブックのある楽な道だったが、その奥はまさに未踏地への挑戦であった。新潟と山形で宣教師を訪れ激励し、目的地の蝦夷ではアイヌとしばし暮らした。9月、横浜へ船で戻り、東京ではサトウの招きで優雅にお茶を楽しむひと時もあった。京都、伊勢も訪れ、12月、横浜を出港した。

帰国後、これを著作『日本奥地紀行』（Unbeaten Tracks in Japan）として出版し、反響を呼んだ。この著作で、バードはただの物見遊山の旅人ではなく、現地の報告を著作に残す地誌学者として認められ、やがて王立スコットランド地理学協会、つづいてロンドンの王立地理学協会の特別会員となった。日本での体験の記録が功を奏したのは、言うまでもない。

その後医師ビショップとの結婚と死別を経て、最後の旅のつもりで、明治27（1894）年、朝鮮、中国、ロシアをまわるが、日清戦争が勃発し日本に避難してきた。このとき静養に利用したのが、日光であり、とりわけ中禅寺と湯元であった。十数年前の上質な時間を、今や立派になった金谷ホテルで再現することができた。その上、中禅寺湖畔には、旧知のサトウ公使が別荘を建てていたし、年下のイギリス上流階級出身のメアリーも、夫のベルギー公使ダヌタンとともに、別荘でもてなしてくれた。

このように、日光は、つねに挑戦を前に欠くことのできない上質な癒しの時間を過ごすための、心地よい場所であった。

本書では、『日本奥地紀行』から、バードの日光についての印象を拾う。

5 ピエール・ロチ
Pierre Loti （1850～1923）

【明治18年（1885年）35歳で訪問】

バードが金谷で過ごして「日光結構」と言う資格が出来たと述べたように、この同じフレーズ、「日光を訪れなければ結構と言う資格はない」を、エッセイに残した作家がいる。フランスの小説家ピエール・ロチである。

ロチの本名のヴィオー家は、フランスはシャラント県の港町、ロシュフォールの旧家で代々海軍軍人を輩出していた。彼も海軍兵学校出身で、これまで世界各地、たとえばイスタンブールやタヒチを海軍任務で回り、現地での経験を『アジャデ』『ロチの結婚』と小説化し、成功をおさめていた。

日本へは、明治18（1885）年7月8日、軍艦トリオンファント号の艦長として長崎に入港した。35歳の男盛りでもあり約一か月、日本女性と現地結婚をした。この体験も『お菊さん』として小説化されるが、長崎での生活では、彼は言葉も通じずイライラして、周囲の日本人社会を拒否していた。一度船にもどって、9月18日神戸港に再来日し、約2か月にわたり京都、東京などを巡った。このときの日本印象記がエッセイ集『秋の日本』である。

ロチは東京から日光へも足を延ばした。宇都宮から人力車で杉並木を疾走させて、夜中に宿にたどり着いた。晩秋だったので、夏の賑わいとは違って、案内を一人だけ連れての静かな日光訪問になった。その印象を綴ったのが『秋の日本』の中の1章、「日光霊山」となる。例の格言、「日光を観たことのない者は結構という詞を使用する権利がない。[14]」は、この章の冒頭を飾った。

では、ロチは、本当に日光を結構と思って楽しめたのであろうか。

本書では、「日光霊山」の中から、彼の言葉を拾ってみようと思う。すでに人気小説家となっていたロチの、フランス読者に受けることを意識したルポタージュを読み解いてみたい。あくまでも西洋文化を第一とする西洋至上主義者の立場から見ると、日光はどのように評価されるのか。

●注 13)バード、148頁。14)ピエール・ロチ著、村上菊一郎、吉氷清訳『秋の日本』より「日光霊山」（角川文庫、平成2年）104頁。以下、ロチと略す。なお、旧字体・長文など一部変更した。

6 ヘンリー・アダムズ
Henry Adams　　　　（1838～1918）

【明治19年（1886年）、48歳の訪問。
自宅にて愛犬と　妻マリアン・アダムズ撮影】
（マサチューセッツ歴史協会所蔵）

ジョン・ラファージ
John LaFarge　　　　（1835～1910）

【アダムズ家書斎にて　マリアン・アダムズ撮影】
（マサチューセッツ歴史協会所蔵）

　ロチの訪問からおよそ半年後、明治19（1886）年の夏のことである。アメリカから思想家アダムズが友人の画家ラファージと来晃し、輪王寺の塔頭、禅智院の離れで、およそ一か月を過ごした。

　ヘンリー・アダムズは、大統領を二代輩出したボストンでも名門中の名門の出身である。（ちなみにアダムズ家以外で、二人の大統領を出したのは、最近のブッシュ家だけである。）幼少時、園丁から「坊ちゃんも大統領になるのでしょう?」と言われて育った彼は、グラント大統領下の腐敗を目の当たりにして政治に失望し、ハーバード大学の歴史学研究者を経て、アメリカ史や小説の執筆に専念することにした。そしてホワイトハウスに隣接する地に、友人の国務長官ジョン・ヘイと大きな邸宅を建築した。現在この地に建つのが、ワシントンの老舗ホテルの「ヘイ・アダムズ・ホテル」である。

　この東部のセレブが日本旅行を決意した理由は、いくつかある。当時ボストンでは前述のモースの影響もあり日本文化への関心が高まっていたし、交流がある駐米公使吉田清成や後任の九鬼隆一からは紹介状がもらえた。また、妻のいとこのビゲローが東京で案内を買って出てくれたのである。旅行を計画していた最中に、妻を亡くし、アダムズは失意の中で、訪日を決めた。

　同道者に招いたのは、長年の友人ラファージである。この穏やかな性格のフランス系の画家は、すでに日本美術を研究し始め、また、教会などの装飾工芸の仕事

にも携わっていた。

　明治19（1886）年7月2日、横浜に到着し、横浜から東京へ鉄道で足しげく通った。しかし、アダムズは、イライラしていた。食事も寺社も、日本美術も気に入らない。幼少から水洗トイレで育った身にすれば、東京の臭気と不衛生は堪えられない。「おもしろいよ。しかし、楽とか快適ではまったくない15)」という。しかも連日の酷暑に加え、コレラが関西から蔓延してきた。そこで、案内役のビゲローと美術指南役のフェノロサが配慮してくれて、7月下旬、日光に「隠れ込む16)」ことになった。

　すると日光でアダムズは息を吹き返したのである。住まいは由緒ある禅智院の、新築の二階家だった。ベランダ付きで八畳が2間あり、アダムズとラファージは共にくつろいだ。庭には川からの滝があり水音を立てている。ベランダからは庭の木々と輪王寺の屋根も見える。食事は隣の家を借りているフェノロサ夫人が西洋料理を供してくれた。もう醤油の匂いに悩まされないで済む。

　2人は日光をどのように見て、評価したのであろうか。本書では、アダムズが母国の友人に宛てた手紙と、ラファージが帰国後に出版した『画家東遊録』から拾うことにする。

ベランダからの庭の木々（アダムズ自身が明治19年の滞在時に、禅智院離れの2階ベランダから撮影）
（マサチューセッツ歴史協会所蔵）

●注　15) Henry Adams to John Hay, 9 July 1886, *The Letters of Henry Adams*, ed. by J. C. Levenson, E. Samuels, C. Vandersee, V.H. Winner（Belknap Press of Harvard University Press, 1982）vol.III, pp.14-17. 以下、Adams to ～ , *Letters* と略す。なお、本書は井戸桂子訳。
　　16) Adams to Elizabeth Cameron, 13 Aug. 1886, *Letters*, pp.29-31.

碧い眼に映った日光

禅智院の離れ、アダムズとラファージが滞在した二階家（1991年撮影）

7 メアリー・ダヌタン
Mary d'Anethan　　　（1858～1935）

【明治27（1894）年、36歳のとき初めて訪問。明治29（1896）年から中禅寺湖畔の別荘にしばしば滞在】
（公益財団法人東洋文庫所蔵 *Fourteen Years of Diplomatic Life in Japan* より）

　アメリカのセレブが明治19（1886）年に訪問した後、日光は明治20年代に入ると多くの避暑客を迎え、その数は増加した。その中に、イギリスの上流階級出身で、夫は男爵のベルギー公使という女性がいた。メアリー・ダヌタンである。快活なレディは英国公使サトウと共に、避暑地の外交団コミュニティをリードすることとなる。

　メアリーは、イギリス、ノーフォーク州の由緒ある家柄のハガード家に生まれた。ハガード家は16世紀までさかのぼれる裕

福な旧家で、メアリーは、英国人の資質を受け継ぎ、ヴィクトリア朝の教育を受けた。兄弟には外交官、3人の作家がいる。メアリーも日記のほか小説も残しているので、教育が行き届き文才もある兄弟姉妹といえよう。

28歳で結婚した相手は、ベルギーの外交官アルベール・ダヌタン男爵（1849～1910）である。ダヌタンは明治3（1870）年に外務省に入り、明治6（1873）年2月、岩倉使節団のベルギー訪問時に接伴役を務めたことが、最初の日本との縁である。明治6（1873）年から3年間、20歳代後半に書記官として日本勤務をし、この期間、イギリス公使館の30歳代前半のサトウとも旧知となる。

明治19（1886）年に結婚し、明治26（1893）年に東京に赴任したダヌタン公使夫妻は、アルベールが客死する明治43（1910）年まで、幾度かの賜暇休暇をはさみながら長期にわたり両国の外交に尽くした。

赴任翌年の夏、当初は箱根宮ノ下の富士屋ホテルに滞在したが、8月、伊香保経由で初めて日光を訪れる。東照宮を特別許可で参拝し、驚くほど豪華であると感激する。さらにイギリス法律家カークウッドの中禅寺別荘に招かれて、冒頭プロローグの通り、その美しさから、イタリア・アルプスの名勝コモ湖を思い出す。

次の年、明治28（1894）年7月、旧知のサトウが公使として着任すると、この日光の好きなイギリス外交官は、着々と日光の生活の手はずを整え始めていた。メアリーも友人と湖畔にあるサトウの別荘の新築予定地を見に行き、やはり湖畔にある

東京の公使館内のメアリー・ダヌタン夫人の居室
（公益財団法人東洋文庫所蔵　Fourteen Years of Diplomatic Life in Japan より）

碧い眼に映った日光

アルベール・ダヌタン男爵、公使館の書斎にて
（公益財団法人東洋文庫所蔵
Fourteen Years of Diplomatic Life in Japan より）

小さな日本家屋に住むことにした。メアリーたちはもう箱根には行くことはめったになぃ。日光との長い楽しいお付き合いが始まったのである。

本書では、メアリー・ダヌタンの言葉を、彼女の日記から探す。その文章は生き生きとして、実に楽しい。

8 ポール・クローデル
Paul Claudel　　　　　（1868～1955）

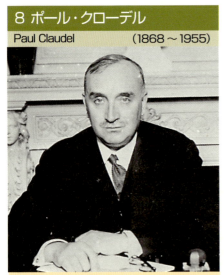

【明治31年（1898年）29歳、上海から休暇で来晃。大正10年（1921年）、53歳のとき、大使として赴任】（フランス大使館より提供）

サトウとダヌタン夫妻が日光生活を楽しみ始めたころ、ある一人の若いフランス外交官が日光を訪れた。東照宮を参拝し、中禅寺坂の森の中で詩人としての得難い体験をする。ポール・クローデル。有能な外交官であり、20世紀のフランスを代表する劇作家、詩人である。

その23年後、再び大使として家族と共に赴任した時は、中禅寺湖畔の大使館別荘で執筆のために長い時間を過ごしている。

クローデルの来訪を受け、彼に親しまれたことは、とりわけ日光にとって幸いだった。

クローデルは明治元（1886）年、北フランスに生まれた。早熟な才能を見せた姉のカミーユ・クローデル（のちにロダンの恋人としても有名な彫刻家）の希望もあり、一家は13歳のころパリに出る。エリート校に籍を置くがパリの生活になじめず、革命的な詩人ランボーや象徴派の詩人マラルメの影響を受ける。息苦しいパリを、すなわちフランスを、西洋を脱出したいと願い、外交官試験を受け、首席で合格した。商務担当としてまずアメリカへ、そして明治28（1895）年に中国へ赴任した。

姉の影響からパリでジャポニズムに触れ、日本に行きたいと思って外交官になったともいわれるクローデルなのだが、明治31（1898）年、ようやくそ

の機会を得た。休暇をとり、上海から船で長崎・神戸に寄りながら、5月30日横浜に降り立った。東京見物はせずに6月1日、午後、まっすぐ日光に向かう。すでに明治23（1890）年に日光まで延長した汽車で、およそ5時間であった。

　外交官というよりも、若い詩人として聖地を一人で訪問したクローデルは、東照宮と輪王寺を訪れ、雨の中禅寺坂で森に迷う経験までした。このときの観察と感動は、彼の散文詩集『東方の認識』の中の詩二編に昇華されている。本書「第六章　日光聖山」で、彼の感動を追体験したい。

　次にクローデルが日光を再訪したのは、大正11（1922）年5月であり、54歳になるところだった。大使として、文学者として仕事の山場を迎えた時期である。日仏関係は彼の努力のおかげで最も深い関係を築き上げたし、代表作の一つである戯曲『繻子の靴』を執筆し、さらに日本に関わる多くの評論、エッセイ、詩集を残した。大正12（1923）年の関東大震災では、自らの原稿や蔵書の焼失という経験もあったが、大正天皇の御大葬への出席を最後として、昭和2（1927）年2月、駐米フランス大使として離日するまで、彼の存在は両国にとって貴重であった。

　日光へは、その間、頻繁に公私ともに訪れている。ゲストと共に日光の金谷ホテルに滞在し、あるいは、中禅寺湖畔の大使館別荘で夏を過ごす。詩作品や日記をひも解くと、彼の日光への、また別荘生活への愛着と訪問の喜びが伝わってくる。

　本書では、クローデルの詩作品や日記等から探りたい。その別荘生活は、イギリス人サトウやメアリー・ダヌタンたちとは、また違うものであった。

> 　以上、8組、延べ9名の碧い目の訪問者たちの来歴を紹介した。かれらは日光でさまざまな感想をもち、友人へ書簡で伝え、日記に吐露し、作品を書き上げている。
> 　明治時代、日光は、どんなふうに彼らの目に映ったのか。杉並木から、日光山内（さんない）、中禅寺湖畔まで、彼らと一緒に歩いてみることにしよう。
> 　この魅力的でなんとも賑やかなゲストたちの意見を聴きながら。

「本書の外国人」の来日・来晃	年	関連する出来事
アーネスト・サトウ 通訳生として来日、19歳。	1862 文久2	明治維新 神仏分離令 (1868・慶応4／明治元)
アーネスト・サトウ 来晃、28歳。	1872 明治5	
アルベール・ダヌタン 書記官として来日。	1873 明治6	「内地旅行允準条例」にて日光は外国人訪問先の一つに(1874・明治7) 明治天皇、日光行幸
エミール・ギメ 日本の宗教の実地調査のため来日、40歳。日光へ。	1876 明治9	*A Guide Book to Nikko* 『日光ガイドブック』発行(1875・明治8)
エドワード・モース 腕足類の研究のため来日、39歳。	1877 明治10	
イザベラ・バード 46歳で来日。東北と蝦夷に向かう途中、日光を訪問。	1878 明治11	輪王寺本堂移築完成(1879・明治12)
(サトウ、1883・明治16年まで)		*A Handbook for Travellers in Central and Northern Japan*『中部北部日本旅行案内』発行(1881・明治14)
ピエール・ロチ 35歳、7月艦長として長崎に滞在。秋、東京・日光へ。	1885 明治18	上野―宇都宮間、鉄道開通
ヘンリー・アダムズ／ジョン・ラファージ 48歳、旅行で来日。夏の一カ月、日光滞在。	1886 明治19	日光まで鉄道延長 (1890・明治23)
メアリー・ダヌタン 夫ダヌタン公使とともに来日、35歳。36歳で来晃。	1893 明治26	日清戦争(1894・明治27) 中禅寺坂につづら折りの新道 外国人避暑客が増加
	1894 明治27	
アーネスト・サトウ 全権公使として日本に再赴任。52歳。	1895 明治28	
イザベラ・バード(ビショップ夫人) 中国、韓国踏査の間に来日。金谷ホテル・中禅寺湖・湯元に滞在。	1896 明治29	
ポール・クローデル 初来晃、29歳。	1898 明治31	
(サトウ、1900・明治33年まで)		田母沢御用邸 大正天皇(当時皇太子)のご静養地として造営 (1899・明治32)
(ダヌタン、1910・明治43年まで)	1910 明治43	
		明治から大正へ (1912・明治45／大正元) 日光自動車株式会社 設立 (1916・大正5)
ポール・クローデル 53歳、大使として赴任。中禅寺湖別荘にて作品執筆。	1921 大正10	
	1922 大正11	関東大震災(1923・大正12) 中禅寺坂 乗合自動車通行可能に (1925・大正14)
(クローデル、1927・昭和2年まで)	1926 大正15／昭和元	大正から昭和へ (1926・大正15／昭和元)

第3章 杉並木 そして 神橋

「光は緑色の黄昏に」(ロチ)

第3章　杉並木　そして　神橋

日光杉並木

　荘厳な杉並木に入ると、私には日本が美しいと思え、江戸（関東平野）の泥田は悪夢にすぎなかった！かのように感じた。この並木道は日光の聖なる神社（東照宮）まで木陰をなし、揺らぐ木漏日（こもれび）が草をまだらに照らしていた。(バード)[17]

　耕地を横切って普通の道を2、3ばかり行ったのち、わたしたちはついにあの世界に類例のない街道にさしかかる。(ロチ)[18]

関東平野のただ広い田畑から巨木の続く杉並木に入ったとき、旅人は、素直に圧倒されるようだ。人力車で行程を進める明治の外国人は、ことに実感した。その五感を通じて杉並木の存在を感じとるのである。
　まずは、見る。その高さ、大きさに心打たれる。

　陽を透さないほど密閉された(…)その陰鬱な梢の茂みを認めるには、顔を上げなければならない。人の視線の高さのところでは、蛇のように曲がりくねった根と、巨大な円柱のような幹とが見えるだけである。(ロチ)[19]

　見上げても見きれない程の巨木は人の心を圧倒する。
　しかも、せまい間隔で整然と植樹され続いている。

　27マイルにわたって、堂々たる樹木が、ある場所では5フィート（約1.5メートル）ずつの間隔を保って道路を密に辺取っている有様は、まさに驚異に値する。(モース)[20]

　その比類のない豪華さは、暗い崇厳な大樹にあるのだ。天を摩するばかりの大樹は、隙間のないほどぎっしりつまった二重の列で、街道の左右を縁取る。(ロチ)[18]

視覚の次は、肌で感じる。

　この杉並木の下に入りこむと、急にひんやりした湿気をおぼえ、あるかなきかの光はみどり色の黄昏（たそがれ）のようになる。と同時に、わたしたちはある崇高な厳粛感にうたれる。(ロチ)[19]

肌で感じる涼やかな冷気、木漏れ日（こもれび）の美しさ、それがずっと続く荘厳さ。五感

第3章 杉並木 そして 神橋

を通して感じている。
　今日でも、舗装されていない日光街道、現在は日光市の下今市あたりで、私たちは往時をしのぶことができる。実際に歩くと、やはり杉並木の下は、涼やかであり、ほっとする。車を止めて一休みする、ドライバーさん。犬の散歩をする近くの婦人。今も人々は杉並木の恩恵を享受している。
　ところで、この杉並木の地理、あるいは歴史についても、明治期の外国人訪問者はかなり正確に記す。

> 日光へは二つの街道が通じている。私は通常利用される宇都宮経由の街道を避けた。私がとった例幣使（れいへいし）街道には、並木が30マイル（48キロ）続いており（…）、この二つの街道は今市という村で一つに合し、ここから8マイル先（注：実際は8キロ先）の日光の町の入口でようやく終点となる。（バード）[17]

　バードによる、非常にわかりやすい日光へのアクセス情報である。
　日光へ向かう道は、江戸五街道の一つ、奥州（おうしゅう）街道（千住から宇都宮を経て、白河に至る）をとるのが一般的である。宇都宮からは日光街道を西に進む。もう一つの例幣使（れいへいし）街道は、金の御幣（幣串（へいぐし）に挟んで垂らした捧げもの）を奉る公家の例幣使が

高く、そして密に続く 杉並木

京都から東照宮に遣わされた時に通った道で、現在の高崎市で中山道から分かれて、日光に至る。日光街道と例幣使街道はバードの言う通り、今市で合流する。
　その合流地点に、当時も今も、追分（おいわけ）地蔵尊が祀られる。

●注 17）バード，139頁。　18）ロチ，110頁。　19）ロチ，111頁。　20）モース，53頁。

左が日光街道で右から例幣使街道
合流点の追分に地蔵尊

> 祠（の地蔵）には、花と古い布切れが供えられている。(…)石仏のほとんどは顔が磨り減ったり倒れたりしているが、どの顔にも至福の安らぎと解脱の表情がある。(バード)[21]

今市宿の入口にある地蔵は、街道が分かれるところの、文字通りの「追分地蔵尊」である。たくさんのお札に、いまも人々に大切にされていることがうかがえる。

現在の追分地蔵尊　本尊

では、この杉並木は、どのように作られたのであろうか。現在伝えられている由来によれば、徳川家康・秀忠・家光の三代にわたって将軍家へ仕えた松平正綱・正信親子が植樹したもので、家康の三十三回忌（1648年）に、東照宮へ参道並木として奉納した。

これについても、彼らは文章を残す。

> 32キロメートルの長さにわたって高さ18メートルから36メートルの巨大な杉の影に覆われた有名な並木道にさしかかった。この杉はおよそ200年前、偉大な将軍家康の墓所を日光に設けることに決まったとき、臣従の印としてある有力な大名が植えたものである。(ラファージ)[22]

> それはいまから数百年前、将軍たちの長い葬式の行列を霊山にみちびくために、穿道され植林されたものである。(ロチ)[18]

> 並木道の杉は、日光に葬られている将軍の神社に青銅の灯籠を一基奉納しようとしたが貧しくて出来なかった一人の男が、その替わりに供物として植えたものだと言われている。(バード)[17]

少しずつ情報が違っていて、ラファージの文章が一番近いと言える。しかしポイントの「臣下の奉納」という点では、一致している。

第3章　杉並木　そして　神橋

　この日光杉並木は現在、特別史蹟および特別天然記念物に指定され、さまざまな延命保全対策が行われている。彼らの通った明治の初めも、江戸時代に続いて保護されており、外国人たち、たとえばモースも、それを的確に見抜いていた。

　　所々樹の列にすきがある。このような所には必ず若木が植えてあり、そして注意深く支柱が立ててある。時に我々は木の皮を大きく四角に剝ぎ取り、その平らな露出面に小さな丸判を押したのを見た。(…) このような印をつけた木はやがて伐られるのであるが、いずれも密集した場所の木が選ばれてあった。人家を数マイルも離れた所において、かかる念入りな注意が払われているのは最も完全な保護が行われていることを意味する。(モース)[20]

　さすが、大森の貝塚を発見した科学者の眼は、この保護を見逃さなかったし、記録してくれている。

　さあ、杉並木街道を西へ急ぎたい。
　明治のある晩秋の夕暮れ、同じく道を急いでいたロチは、もう陽が落ちそうな時刻に、次のような美しい光景を眼にした。

　　薄暗い並木道は、思いがけないあるすばらしい方法で、ほんの少しずつ明るくなってくる。それはいままさに沈

ロチは杉木立の下の方の隙間から、落日の光の束をみた

●注 17) バード、139頁。　18) ロチ、110頁。　20) モース、53頁。　21) バード、140頁。
　　22) ジョン・ラファージ著、久冨貢、桑原住雄訳『画家東遊録』(中央公論美術出版、昭和56年) 28頁。以下、ラファージと略す。

みかかろうとする斜陽が、下の方から忍び込んで、巨大な杉の幹の隙間という隙間から、真っ赤な金の光の束を投げかけるからである。（ロチ）[23]

　落日が杉木立の間から、光の束をこちらに放っている。この一瞬のまぶしさを想像しながら、私たちも、日光へ向かおう。

神橋

　杉並木に導かれて、旅人は日光に入る。お店や宿のならぶ一本道をたどってから東照宮に行くには、大谷川を渡らなければならない。奈良時代の766年、勝道上人が日光山を開くために渡ろうとし、阻まれた急流である。上人が護摩を焚くと深沙大王が現れて2匹の蛇を放ち、蛇の背中から植物の山菅が生えて橋となったという伝説がある。

　明治11（1878）年6月の夕暮れ、イザベラ・バードは、供のイトウが宿を確認しているときに「町の通りの先端にある岩の出っ張りに腰を下ろし、だれにも邪魔されることなく、最も偉大な二人の将軍が礼を尽くして葬られている山の荘厳な杜を見やっていた。[24]」そして大谷川とこの橋の一帯を、実況中継さながらに描写する。

背後の下の方では、昨夜の雨で水嵩を増した大谷川の激流が、狭い谷間に轟音をとどろかせていた。前方の上の方では、途方もなく大きい石の

バードも感心した、石の橋脚と石の横梁

第３章　杉並木　そして　神橋

明治19年、1886年当時の神橋　アダムズ一行が撮影した（マサチューセッツ歴史協会所蔵）

階段が杉林の中へと続いていた。神秘的だった。その上方には日光連山がそびえている。

　（…）激流がその流れをゆるめる所に橋が一つ架かっている。長さ84フィート（25.6メートル）、幅18フィート（5.5メートル）のこの橋には鈍い朱の漆が塗られ、両端はそれぞれ二つの石からなる橋脚（きょうきゃく）に支えられ、二本の石の横梁（よこはり）で結ばれている。造り自体は堂々としているわけではないが、辺り一面を濃い緑とくすんだ灰汁（グレー）色が覆っている中にあって、このわずかの朱色は目に心地よい。（…）

　日光は壮大にして人里離れた感じに包まれている。雨と霧の世界である。（バード）[24]

　梅雨時の夕暮れの到着であったが、聖なる深山の緑と、霧でくすんだ夕暮れの湿気と、轟音とどろく中に、橋の朱色が登場する。いま、「神橋（しんきょう）」と呼ばれている橋である。

　この橋は当時「みはし」と発音されていたようで、サトウもバードも「みはし」という。

　　1636年に建造されたこの橋が興味をそそるのは、これが神聖なる橋という意味の「ミハシ」であり、昔は

●注　23）ロチ、113頁。　24）バード、142頁。

> 将軍やミカドの使者のみが通り、一年に二度だけ参拝者に開かれていた点である。(バード)[24]

このバード情報はサトウの『日光ガイドブック』の次の文章によると考えられる。

> かつては将軍と例幣使による、一年に二度をのぞいては、全ての通行人は閉ざされていた。(サトウ)[25]

いずれにしても、この橋が一般では渡れないということは、外国からの訪問者に広く知られていた。

> 聖なる山からわれわれを遠ざけている急流を渡ろうとしても、金色の骨組の、赤い漆塗りの橋の上は渡れない。(ギメ)[26]

そこで、一般向けの橋を渡りながら、途中で止まって神橋を観察し、そこをかつて渡っていた人々を想像するという、なかなかユニークな文章を書いた作家がいる。ロチである。

> 公衆用の橋を渡りながら、中ほどまでくると、わたしは立ちどまって、この豪奢な橋の曲線を歎賞する。それは辺りの殺風景な遠景の上に、驚くほど優美に、くっきりと浮び上っている。
>
> そこで、私は方々の堂宇に保存されているいくつかの古画を想い浮かべながら、この恒久不変の装飾のただなかで、かつてこの朱塗りの反り橋の上を行進していた在りし日の行列を、心の中に再建しようとつとめる。兜とか、美々しくもおそろしげな大名たちとか、見てはならなかった将軍たちとか。(ロチ)[27]

こうして在りし日を想像しながら、いよいよ聖なる山へ入っていく。

急流の大谷川は 勝道上人のゆく手を阻んだ

●注 24) バード、142頁。 25) Satow, p.9. 26) ギメ、147頁。 27) ロチ、130頁。

第3章 杉並木 そして 神橋

四本龍寺と本宮神社

　勝道上人が、大谷川の激流を深沙大王の助けで無事に渡り、祈りをささげると、紫色の雲が立ちのぼり、男体山の方へたなびいていった。(いま「紫雲石」が伝わる。)上人はこの地に草庵を結び、四神守護の霊地として四本龍寺を建てたという。766年のことで、日光発祥の地である。
　807年、下野の国司がお堂を建て、千手観音像を安置した。

　また806年、日光権現の社、本宮神社が創建され、新宮(現在の二荒山神社)、滝尾とともに、日光三社と呼ばれた。三山(男体山・女峰山・太郎山)三仏(千手観音・阿弥陀如来・馬頭観音)三社(新宮・滝尾・この本宮)を同一視し、山岳修行の修験道が盛んになる。
　修行のための「中禅寺道」は、この四本龍寺、本宮神社からスタートする。険しい坂を越え、湖、そして男体山を目指す。

本宮神社

紫雲石と観音堂に、奈良・平安時代の日光を思う

交通の発達

　明治の初め、外国人が東京から日光に向かう交通手段は、「駕籠（かご）、馬、人力車」が普通であった。パークス、サトウ、ギメは、この乗り物に頼った。ギメによれば、人力車7台を連ねて出かけた。

　次が、「鉄道馬車」である。明治5（1872）年、千住―宇都宮間で線路の上を馬が客車を引いて疾走した。モースはこれを利用した。

　待望の鉄道は、明治18（1885）年上野と宇都宮で開通した。翌年6月には利根川架橋が完成し、片道約3時間20分であった。アダムズとラファージは、開通したばかりの夏、これを利用した。あとは、宇都宮から人力車である。

　日光駅まで鉄道が通じたのは、明治23（1890）年8月1日。帝都東京と直通したので、これまで以上に内外の貴賓が日光を訪れることになった。皇太子時代の大正天皇はじめ、ダヌタン夫妻やサトウ、そしてクローデルが別荘生活を楽しむときは、この鉄道を何度も愛用した。

大正期の雰囲気を残す日光駅

大正天皇がご利用になった JR日光駅貴賓室

第4章 東照宮

白と金に黒の東照宮

第4章　東照宮

はじめに

> この霊山にきているのだから、まず将軍家康の霊廟に詣でるのは当然だろう。家の手すりから小さな滝越しに眺めると、一番高い木立の間から東照宮の堀の端が見える。（ラファージ）[28]

アダムズとラファージは東京から避暑に来たが、自分たちの滞在先、禅智院の離れの二階の手すりから東照宮の一端が見える。まずはお参りである。

碧い眼の訪問者9名が東照宮や家光廟の印象を記述していく時、二つの傾向に分かれる。一つは、丹念にその場所の特徴を感想と共に記述していくタイプである。これは、ガイドブックを刊行したサトウ、丁寧にエッセイをつづったロチ、帰国後メモをもとに単行本を残したラファージである。

もう一つは、全体の印象を一気に書いたり、部分ごとに少し書いた後は、諦めからかまとめて書いたりするタイプである。これは、途中で描写を放棄したモース、境内を見学中めまいを覚えたギメ、かなり細かく書くが疲れてしまったバード、驚きを手紙で伝えるアダムズ、日記に楽しげに印象をつづったダヌタン、そして、聖なる山全体を詩に詠ったクローデルである。

そこで私たちはまず、東照宮そして輪王寺を彼らと共にお参りしながら、各箇所の印象を聞く。次に全体をどのように感じたかを聞くことにしたい。前者を「第四章　東照宮」と「第五章　輪王寺」で、後者を「第六章　日光聖山」で紹介したい。

上へ上へ　ますます美しく

参詣を始める前に、まずロチの言葉を聞こう。

> いまわたしたちの立っているこの正面の神社は、将軍イエヤズ（16世紀）の神霊を祀ってあるものである。それはおそらくニッコーの霊廟のうちで最も壮麗なものであろう。
> そこへは一連の門と囲みとを通って登ってゆくのである。上に行けば行くほど、この死者の霊の引きこもっている聖殿に近づけば近づくほど、ますます美しくなってゆく門と囲みを、登ってゆくのである。（ロチ）[29]

東照宮は1617年から家康の霊を祀って

第4章　東照宮

いるので正確には17世紀からであるが、門をくぐり囲みを通って順に登っていくに連れて美しさが増すことを、実に要領よく記している。

石鳥居と五重塔

「御影石づくりの重々しい巨大な鳥居（ロチ）[29]」から、始まる。ラファージは、「鳥居の横木には家康の神号を鍍金した大きな黒い題額がかかっている[30]」ことを見逃さない。後水尾天皇の書による《東照大権現》（朝日のように、盛んにこの世を照らす偉大な神）である。

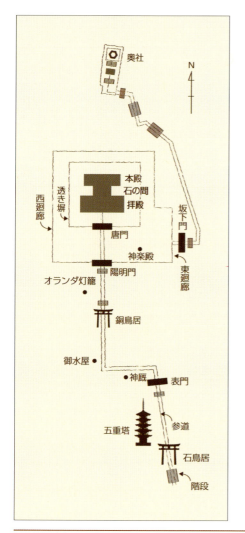

階段を上り、石の鳥居をくぐる

その石の鳥居をくぐると、

> 私たちは第一の中庭に入る。この場所の主な装飾物は、五重塔である。この塔は1650年ごろ、大名酒井若狭守によって献上された。塔という名称は、この五つの同じような堂の法外な積み重ねに対しては、相応しいものではない。（ロチ）[31]

●注 28) ラファージ、37頁。　29) ロチ、139頁。　30) ラファージ、44頁。　31) ロチ、140頁。

確かに、欧米の感覚でいえば塔は細くとがっている。日本の塔は屋根が重なり、外壁に装飾も施される。

画家のラファージは色彩に注目する。

と彫刻の真の博物館であることに気づく。あらゆる神々や、獣や、シメールや、花々などが浮き彫りにされている。生き生きとした姿をして凝結されている。(ロチ)31)

もう最初の建築物の外壁を見ただけで、ロチは「真の博物館である」と確信している。まだまだ、始まったばかりであるのに。

表門(仁王門) 神厩(しんきゅう) 御水屋(おみずや)

では、ラファージと共に「急な階段を上って第一の門をくぐる30)」ことにしたい。表門のところである。

ロチによれば、「絵と彫刻の博物館」の五重塔

優雅な高い五重塔が陽に照らされて、血のような赤色と黄金色とに輝いている。五層のひさしの陰になっている部分は緑と白と黄金色に彩られる。(ラファージ) 30)

細かい装飾に注意を向けるのはロチである。

近づけば、これら五層の外壁は絵

ラファージは表門の狛犬と唐獅子に注目

神仏分離のため仁王様が不在だったのでラファージは狛犬(こまいぬ)と唐獅子等の装飾を観察した。

獅子に似た形をした二体の怪物が置かれている。柱の上部からは、悪疫よ

第4章　東照宮

けの獏や、獅子と象の鍍金した頭や、大きい牡丹の花が張り出している。いたるところ、黒い屋根の銅瓦の端にまで、徳川家の紋が鍍金金具に打ち出されている。(ラファージ)[32]

　徳川の葵の紋までチェックしている細かさである。
　門をくぐり左手をみると、次の空間に出る。三神庫、神厩が主要な建造物である。
　ここで現在、最も観光客の目を引いているのは、「三猿」であろう。神厩の壁上部の装飾である。しかし、面白いことに、「三猿」に言及しているのは、ガイドブックを書いたサトウだけである。

サトウが目にとめた三猿

　屋根のすぐ下には、巧妙にデザインされた猿の群れがいて、手で、耳と口をふさぎ、目を覆っている。それらは語呂を合わせて《キカザル、イワザル、ミザル》と呼ばれている。(サトウ)[33]

　神厩を紹介したのはラファージのみで、それも、美しい建物であるが実は馬屋である、という意外性を記したのみである。そこには、「のんきそうなクリーム色の子馬が」いたようで、「そうした名誉を背負っているようには見えない[32]」と馬の方に興味を示す。
　一方、碧い眼は、大きな聖水の水槽に注がれた。

　内番所はどうということない。それよりずっと興味深いのは、聖水槽であり、一つの硬い御影石から作られている。(サトウ)[33]

　この御水屋は、参拝者が手と口を清めるところであるが、神社の施設として境内に独立して建造されたのは、東照宮が最古の一つと言われている。大きな御影石は鍋島藩主の奉納である。
　滝尾神社の方から引かれた御供水は、サイフォンの原理によって、清らかに水盤に噴き上げられた。実は、これは先の神橋の橋脚と同じく、江戸時代の技術の高さを示している。当時の城作り、都市づくりで発達した水道技術を巧みに生かしたものである。この巧妙さに、碧い目が釘付けになった。

●注 30) ラファージ、44頁。　31) ロチ、140頁。　32) ラファージ、45頁。　33) Satow, p.13.

碧い眼に映った日光

多くの外国人が注目した御水屋
「水の塊のような、濡れた大きな石」に感心した

そうめんの滝（現在は白糸の滝と呼ばれる）から樋をつないでひいて来た水が、完ぺきに同じ量で四隅から噴き上がり注がれていく。だから、一つの石というよりも、硬い水の塊のように見える。（サトウ）33)

サトウのガイドブックに教えられて、バードも技術力に感嘆した文章を残す。

清めの水をたたえた、花崗岩で作った大きな水盤も素晴らしい造りである。台の上に周到に据え付けられていて、近くの滝から引かれた水が水盤の縁で噴きだすその高さはどれも同じである。工夫がこらされている。『一つの石というより水の塊のようである』とサトウ氏が言うとおりである。（バード）34)

ラファージもまったく同じように、「水の塊（かたまり）」に感心する。

穏やかに走る水音は、まるで水の塊のような、濡れた大きい石、つまり水盤舎から聞こえてくる。水盤舎は土台の上に正確に安定しているので、山清水は水の布のようにその側面と頂上から滑るようにあふれ落ちている。（ラファージ）32)

加えて工芸家らしく、水にちなんだ波と飛竜を見逃さない。

> この聖なる泉水盤は黒い銅と黄色との大きな天蓋で覆われている。屋根の横桁の下の引っ込んだ部分には、棕櫚に似た波と飛竜の彫刻が一面に施されている。(ラファージ)[35]

飛竜は水の守り神で、東照宮にある43の飛竜彫刻のうち、ここの飛竜は最も傑出していると言われる。さすが、自らも装飾芸術家であるラファージの眼は確かである。

なお、詩人クローデルは、散文詩『森の中の黄金の櫃』で、聖山全体を一つの神殿と捉えるが、ここで「口をすすいで清める」という動作を具体的に書く。教会の入り口で聖水をつかう動作との共通点を見つけたと言えよう。

銅の鳥居 オランダ灯籠 そして陽明門へ

お清めをした私たちは、銅の鳥居をくぐり、石段を上り、次の中庭に着く。陽明門の手前の参道にあたり、鐘楼と鼓楼が左右に配置される。

この空間には外国人訪問者にとって、不思議に思う物がある。オランダ灯籠である。

> 青銅の大きな枝付燭台。この形式は我がヨーロッパのルネッサンスを思わせる。これは、1650年のころ、当時入国を許さなかった日本と通商関係を結んだオランダ人が貢いだ物であって、ヨーロッパからもたらされたのである。(ロチ)[36]

オランダ灯籠は「唐突な感じ」と

しかし彼らにとって、ヨーロッパからの贈り物がここにあるのは、懐かしいと言うよりも、どうも落ち着かない様子である。

> あたりの幻想的な奇異な品々のなかでは意外な感じを抱かせる。(ロチ)[36]

●注 32) ラファージ、45頁。　33) Satow, p.13.　34) バード、154頁。　35) ラファージ、46頁。
　　36) ロチ、142頁。

碧い眼に映った日光

銅の大灯篭が立っている。その奇妙なヨーロッパ式半ゴシック風の細部は、この異国芸術のすべてと対照して、唐突な感じを起させる。それはもともとキリスト教徒のオランダの貿易商からここに祀られている神に献じられたものである。（ラファージ）[35]

私たちから見れば、たとえば仏教式の燭台が、フランス国王の祈りの場に据えられているような違和感であろうか。

さてこの空間は陽明門へ向かうための参道のような広場である。ここから階段の上に見上げる陽明門は、実に効果的に姿を見せる。

（私たちが向かったちょうどその時）この場所全体と《陽明門》と呼ばれる白い大きい門を、太陽は隈なく照らし、赤や白や、色とりどりの表面を光と影の無数の針で縫いとっていた。（ラファージ）[37]

陽明門は日光にある太陽の門である。「陽明」の字義は太陽が明るく輝くことを意味し、神号「東照大権現」と一致する。
だからラファージとアダムズが、朝の光が輝く天候と時間に訪れることが出来たのは幸いであった。クローデルが訪れた六月の朝も、前日の梅雨の闇の森の印象と違って、朝日にあふれ、杉の芳香に満たされていた。

廻廊と陽明門

ロチは、灯籠のある空間から次の囲みの空間へ進むことをこう描いた。

さて今度は、わたしたちは第三番目の囲み、つまり、いままでよりもいっそう壮麗な、全体が金泥づくめで、そして青銅の土台を持っている廻廊を通り抜けようとする。入口の門はすでに見てきたいかなる門にもまして驚くべき壮麗なものなので、私たちは歩みをとめる。（ロチ）[38]

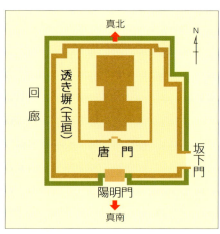

内神域への囲みの入口が 陽明門であり 唐門

廻廊（廊下）に囲まれた次の空間に入るための門が陽明門である、という指摘であるが、これは実に的確である。
現代の私たちもそうであるが、とかく

第 4 章　東照宮

陽明門を入口に左右に延び、御本社を囲む廻廊

　輝く陽明門だけに眼がうばわれがちである。しかし実は、東照宮の内神域の配置は、御本社を中心にして、透き塀（玉垣）と廻廊の二つで環をつくり、そこに唐門・陽明門などの門、神輿舎・神楽殿のような小建築群を配置している。よって、参詣順にくぐる陽明門と唐門は、この廻廊と透き塀の正面に設けられた門であり、環状の囲みとセットになっている。

　そしてその環状の廻廊については、外国人の評判はとても良い。

　　木々と鳥と花々のすばらしい彫刻で飾られる。たとえば金のくらげがその触手を金の藻の中に伸ばしていたり、金の藤の枝の上やあるいはバラの上で、金の鶴がその翼を広げていたりする。
　　（サトウ）[39]　（バード）[40]　（ロチ）[38]

　確かに分かりやすいモチーフの美しい廻廊である。

鳥や花や木の彫刻で飾られた廻廊

●注　35）ラファージ、46 頁。　37）ラファージ、47 頁。　38）ロチ、145 頁。　39）Satow, p.15。
　40）バード、152 頁。

クローデルは軽やかに歩を進めて、夢の廻廊を抜け、豪華な門をくぐっていく。

> 花と鳥の飛び交う夢の垣根の真ん中に、豪奢で開かれた門があり、くぐる。(クローデル)41)

私たちはくぐる前に、この廻廊の真中にある陽明門に注目しておこう。
陽明門でロチは、これまでの中で最も壮麗な入口なので、足を止めて見上げた。
サトウは、「素晴らしい技量である39)」と感心する。
バードは「そのすばらしさについて考えていると、日ごと感嘆の念がつのってくる。42)」という。
みな、陽明門で、まずは驚き、壮麗さに圧倒される。
陽明門がとくに特徴的なのは、彫刻の付け方で、ほとんど余すところなく彫刻で埋め尽くされている。
多くの霊獣が隙間なく彫刻されているのを見て、ロチとラファージは、同じような歯に衣着せぬ感想を持つ。つまり、彫刻が溢れだして迫ってきそうだ、と。

> この屋根組は、一群のこま犬や竜や火龍(シメール)などで支えられているが、これら邪悪な一群は、樋のように突き出て互いに上方へと隙間のない六列をなして積み重なっている。そしていまにも離れ離れになって飛び下りかねない勢いを示す集団のように、高みからあふれ出している。(ロチ)43)

> だんだん前方に積み重ねられて迫り上がってくるさまは、吸血鬼の大群が今にも落ちてくるような感じである。(ラファージ)44)

しかも威嚇(いかく)の表情である。

> 口という口はひらき、牙(きば)という牙は露出し、爪という爪は立ち、頭という頭は下方にかがみ、近づいてこようとする者を一そう良く見極めようと、円い大きな眼球は眼窩(がんか)から飛び出している。(ロチ)43)

しかしこの威嚇(いかく)は、陽の光のもと鑑賞する彼らには少しも通じない。

> 冬の月光の下とか、心細い松明の明かりで見たら、ぎらつく眼光や歯をむき出した威嚇(いかく)が本物に見え、怪物が動き出して来ないかと身の毛のよだつ思いをすることもあろう。しかしこの明るい、理性的な朝の光のなかでは、そんな恐怖は起こらない。(ラファージ)45)

近代西洋の人々には霊獣による威嚇(いかく)は通じないようだ。

ところで、この陽明門には唐子(からこ)彫刻といって遊んだり勉強したりする子供や、中国の賢人も彫られている。平和をあり

陽明門 奥に唐門と御本社。御本社は、江戸城のほぼ北にある

ロチとラファージは霊獣を、「今にも飛び下りかねない勢い」と

がたく思う場面と言われる。一方、霊獣もあふれるほど多い。

　この門のねらいは何であろうか？ 碧い目が観察したように、怖くはないが威嚇(いかく)を目的としたのか？

　陽明門と次の唐門は、「唐様(からよう)」である。そして唐様とは一般には、禅宗建築様式の技巧を凝らしたものと言われるが、この日光での二つの門は、「唐様」の本来の意味、「中国風・外国風」の装飾効果

●注 39) Satow, p.15.
　　41) Paul Claudel, "L'Arche d'or dans la forêt", CONNAISSANCE DE L'EST, Œuvre poétique, (Gallimard, 1967), p.82. 以下、Claudel, "L'Arche d' or dans la forêt" と略す。なお、本書は井戸桂子訳。
　　42) バード、151頁。 43) ロチ、146頁。　44) ラファージ、48頁。　45) ラファージ、49頁。

をねらったものである。つまり、「エキゾチックなのもの」だった。そして創建当時外国風のものといえば、中国風か中国を越えてのインド風、そして、ポルトガルやスペインといった南蛮のかすかな記憶である。

　エキゾチックで、奇妙なもの、空想の世界のもの。そうした外国らしさを、陽明門では、多数の彫刻を加えて力強い効果を出そうと試み、唐門では構造的に変形した唐破風を用いて大胆さを表現しようとした。当時の日本の芸術集団にとっての果敢な試みと評価できる。

　この江戸初期の日本がねらった強烈なエキゾチックさに、近代の西洋人が、それも純粋に日本的な特徴を求めて訪問中の西洋人が、対面している。日本的であると予想した東照宮に、日本人が想像していた外国風の表現を見せつけられた。時空を越えて、互いの想像のずれを感じたり、違和感を覚えたりするのも当然である。

　しかも、陽明門の彫刻の集中度は半端ではない。東照宮の中では最も装飾に富んだ建築である。単位当たりの建築費も他の建築よりはずばぬけて高いと言われる。エキゾチックさを力強く追求する江戸初期の工芸家と、二百数十年を経ての、欧米知識人との強烈な出会いである。

　ラファージの次の言葉に、彼らがいか

「チューリップを逆さにしたような」と言われた風鐸

に圧倒され続けたかが、示されている。

> 　めしべの代わりに鍍金の鳴子をつけた、チューリップをさかさにしたような、おだやかな形の鈴が空を背景に大きな銅屋根の隅からぶらさがっているのを見て、私の眼はやっと落ち着いた。(ラファージ)[45]

御本社にも風鐸

　チューリップを逆さにした鈴というのは、陽明門の軒の四隅に吊り下げられた風鐸のことである。鳳凰の頭の彫刻がくわえているチューリップに似た釣り金具に、親しみを感じた。

チューリップの形に安堵したのは、ロチも同じである。

> 青銅の屋根は、反りのある稜角を備えている。そこには逆さにしたチューリップのような細長い金の鐘がぶら下がる。(ロチ) 43)

さて、こうした芸術の正面対決を観察することを避け、細部の描写を放棄するのも一案である。モースは、日本のある表現を引き合いに出して、早々とこの門から次へ行く。

> 一つの門を日本語で「日暮門」という。その緻密な彫刻の細部を詳しく見るのに、一日かかるからである。(モース) 4)

最後の空間
～神楽殿 唐門と透き塀(玉垣)～

日が暮れるといけないので、廻廊の真中にある入口、日暮しの門(陽明門)をくぐり、進みたい。最後の空間に出る。バードが実に要領よく説明している。

> 左と右に廻廊がめぐり(西廻廊、東廻廊)これが三方を画す形で別の境内がある。その第四の辺(北側)は石垣になって最奥を画し、後は山裾になっている。
> 東廻廊の側には、装飾的な建物が二棟ある。その一つ(神楽殿)には神聖な舞が演じられる舞台があり、いま一つ(護摩堂、現在は祈祷殿)には杉の香をたく壇がある。西の廻廊の側には祭礼の折に用いられた三基の神輿を収める建物(神輿舎)がある。(バード) 40)

陽明門をくぐると左右に廻廊がめぐり、三方の廻廊と山裾という環で囲まれた、最後の空間に出る。小建築体も、さらに美しい。しかし、参詣の外国人の緊張と疲労も高まり、バードが思わずつぶやく。

> これが最後の境内だと思うとうれしいような気持にさえなる。感歎の連続で緊張の糸が切れんばかりになるからである。(バード) 40)

そこで、ロチはここで、神楽鑑賞としゃれこんだ。

> この境内には《カングラ》(神楽)という神聖な舞をする巫女のための特別な二つのあずまやがある。劇場の形をして、人の丈ほどの高さのところに開放

●注 4) モース、64頁。 40) バード、152頁。 43) ロチ、146頁。 45) ラファージ、49頁。

的な舞台を作っている。一人ずつの巫女が舞台の前にいて、古式による同じような装束をつけている。白モスリンの法衣に緋色の袴。そしてその頭の上の、白モスリンの二つの大きな花結びは、アルザス地方の道化役者の持つマロットのような、鈴のついた銅製の用具を持っている。

信者が神々のために小銭を舞台の上に投げる時、巫女は舞うために立ち上がる。ゼンマイをかけられた自動人形のように、感謝の言葉も述べず、微笑も浮かべずに立ち上がる。そして力のないうつろな眼をして、少しも変化のない流儀で舞うのである。（ロチ）[46]

ロチが巫女の舞を見た、神楽殿　手前が舞台に

神楽殿は純粋の和様式で、現在では春の大祭に八乙女が神楽を舞う。八乙女とは、中世に日光三社権現（現二荒山神社）に奉仕した巫女で、江戸時代には定員8名で、日々1名が神楽殿に詰めて奉仕していたという。ロチが見た巫女も老女だったようだが、当時は現在のように未婚の女性ではなかった。

舞の鑑賞の後は、深奥の聖域へとつながる最後の門を、手前からじっくりと眺めよう。唐門である。

東照宮の最も重要な御本社への正面の門である。57頁でも述べたように、唐門は御本社を囲む透き塀の中央に位置する。ただし、現在、この門をくぐるのは大祭など祭典の時か国賓相当の方の参拝の時だけである。参拝者はふつう、右手の東廻廊の途中から参内する。

様式は陽明門と同じく唐様である。ことに四方に向く屋根にある破風の力強い構造と、斬新なアイディアから、陽明門よりも唐門を評価する向きも多い。

また、唐門から左右にめぐり御本社を囲む、透き塀も素晴らしい。胴の羽目に「花狭間」という格子が組み込まれている。格子は金箔押しのうえに、色彩が格子の奥行きにも施されている。模様部分が紺青、緑を用い、奥行きが朱色になっている。ゆえに、歩くにしたがって朱色が見え隠れして金色と共に一層まばゆくなるし、見る向きや光線によってさまざまな色に変化する。この透き塀を、外国人訪問客は「タマガキ（玉垣）」と呼び、注目した。

サトウは玉垣について、

全体は一辺が50ヤード（約45メートル）の長さがある。彩色されたモザイクの縁飾りがある、金色の格子細工

第4章　東照宮

唐門と透き塀　四方とも唐破風(からはふ)の屋根

> で構成されている。下は高さ8インチ（約25センチ）幅6フィート（約1.8メートル）の各腰板に、鍍金を施した水草を背景に鳥が彫刻される。（サトウ）[47]

など、細かく記すが、唐門は、

> 素晴らしい技術と入念さで模様が施されている。（サトウ）[47]

とあっさりしている。

　ラファージも、玉垣に眼を奪われる。

> 腕木の間はすべて鳥や花や葉の彩色彫刻が施される。飾りのある蛇腹層の間は鍍金した「透かし欄間」になっていて、それを通して光と影や、奥の社殿のさまざまな色と鍍金が戯(たわむ)れる。（ラファージ）[45]

と、透かしを通って差し込む光の美しさに感動する。それも当然といえば当然である。ステンドグラスを母国で手掛ける芸術家ラファージは、玉垣の立体的な彩色の効果を十分に理解したのである。光り輝く美しさを堪能する。

　唐門についてラファージは、

●注　45) ラファージ、49頁。　46) ロチ、143頁。　47) Satow, p.16.

碧い眼に映った日光

西廻廊から透き塀を越えて、御本社が輝くのを見る

外国人の眼を奪った透き塀「透かし欄間」
(花狭間)では「光と影、さまざまな色と金が戯れる」

白く「小さな像」に「禅譲」

　白と黄金とが、大きな腕木と垂木の奥に輝く。中国の物語に出てくる小さな像を数多く刻んだ白い小壁があり、下の柱や横木には、白地に竜や草花を彫った装飾がはめ込まれている。(ラファージ)　48)

と、かなり詳述した。
　ことに、「中国の物語」すなわち、「舜帝朝見の儀」(中国古代の聖王・尭は舜に、舜は禹に、それぞれ帝位を譲ったという禅譲を、政権交代の理想とすること)を記述するのは、外国人の中では唯一ラファージだけである。
　この禅譲は、武力で政権をうばう覇権に対して平和を示し、戦国を収めた徳川の思想として重要であったので、この唐門に彫られたのである。唐門の製作者は、250年後のアメリカ人ラファージの書物に唐門の中国の物語が記載されると知ったら、きっと喜んだに違いない。
　唐門の奥は、いよいよ最後である。晩秋訪問のロチが述べる。

　ここには、もう何もない。例の杉の木

さえも。聖殿の最後の驚異（御本社のこと）を前にして、人の眼と心に多少の憩いを与えるためといったように。(ロチ)[43]

そして、静けさから、幽閉されているように感じる。

だれ一人いない――しかも黒い地面をした怖ろしく不気味な場所、ものさびしい境内の中で、私たちは金の垣壁に幽閉されているのだ。(ロチ)[49]

今日のように大勢の来訪者と共に進む参拝では想像もつかないが、黒い玉砂利に自分の足音が響き、金色の玉垣に囲まれて幽閉される。しかも、「目前に」神社（御本社）がそびえる。圧倒されながら、御本社の外観を観察する。

全体の結構では、一そうの豊饒さと、特に一そうの入念ぶりと、そしてたぐいまれなる優美さを示している。全体の意匠はさらに一そう風変わりで、一そう神秘的である。(ロチ)[49]

御本社 1
拝殿と将軍着座の間

靴を脱いで、拝殿の銅をかぶせた階段を上る。(ラファージ)[50]
東照宮の入り口で、私たちは青銅の大きな段々の上に立ちどまって、しきたり通り靴を脱ぐ。(ロチ)[51]

碧い眼の訪問者も、御本社にあがるときは靴を脱ぐ。それを書きとめること自体が、外国人にとっては特別な行為であることを示す。すなわち、日本への異国の意識と、聖なる場所という意識が高まる。
この御本社（拝殿・石の間・本殿）については、本書の登場人物9名全員が、何らかの記述をのこしている。
御本社の大きさ、「拝殿」の彫刻と格天井の巧みな技術、「将軍着座の間」と「法親王の間」の意匠、「石の間」が一段下がっていること、その奥に本当の深秘の「本殿」があること…。
まず見学について、サトウは「礼拝堂は一般の日本人には公開されていない」が「外国人はたぶんそれほど困難ではないだろう」[47]とガイドブックに記す。実際、私たちの9名の訪問者たちは、それぞれ紹介状があり、拝観できた。

●注 43) ロチ、146頁。　45) ラファージ、49頁。　47) Satow, p.16.　48) ラファージ、50頁。
　　49) ロチ、147頁。　50) ラファージ、51頁。　51) ロチ、149頁。

モースはドイツの案内書から借りた地図だと断って、東照宮の見取り図を掲載し、御本社の中央の広間（拝殿）の大きさに驚く。

ギメは、「内部は驚くべき豊かさである。しかしこの豊かさは高価な材料を乱用していると思われる時でさえ、非の打ちどころのない趣味を有する。」2)と述べて、日本芸術の趣味の良さを認める。

バードは「欅の仕切り板（額羽目）に、さまざまに仕上げされた鳳凰のすばらしい浮き彫り、鷹の躍動感あふれる浮き彫り」52)に感心する。

着座の間の欅の地板に紫檀などの唐木を用いた寄木細工（唐木象嵌）のことである。

ダヌタン夫人は、「天井には金の蒔絵が施してあって、ひとつひとつ図柄が異なっていた」53)と、驚きを隠さない。

ラファージもバードも 額羽目の意匠に注目した

将軍着座の間の格天井
ダヌタンは「図柄が異なっている」と驚く

個々の装飾ではたとえば、「将軍着座の間」の木による彫刻意匠の額羽目や格子を組んで上に板を張った意匠の格天井が、特に注目される。

ラファージは、「拝殿正面の小壁と帯飾りは、浮き出したつづれ織りのように細かな彫刻で埋められ、一方、瑞鳥（鶴や鳳凰のめでたい鳥）瑞花を深彫りした羽目板は、ずっと上の黄金の垂木まで色彩と黄金を繰り広げていた」50)と、繊細あるいは豪壮な彫刻に眼を見張る。

同じ拝殿の天井を見上げて、アメリカのエリート、アダムズは、「タタール人の天幕が発展して、固定されたかのようだ」54)との感想を漏らす。

御本社 2
金色の描写

御本社の内部の構造、あるいは一つ一つの装飾に感心する訪問者がいる一方、

第４章　東照宮

文章の達人ロチは、全体の色彩を鮮やかにルポルタージュする。

今日のようにカラー写真機も持ち合わせず、ましてビデオもない時代、どのようにペンで紹介するのだろうか…。

> （入口から）いたるところ、黄金である。ぎらぎら光る黄金づくめである。(…)この廟の中は暗くて、精霊の喜ぶ例の神秘的な薄闇になっている。そこに入って感ずる印象は、壮麗と静穏とのすべてである。金の壁、それからまた金の円柱で支えられている金の円天井。たくさんの格子をつけた大そう低い窓から忍びこんでくる、まるで床下からでも漏れてくるような、あるかなしかの微光。宝物の反射光に充ちた暗くて見定めがたい正面の奥。
> 黄色い金、赤い金、みどりの金。目の覚めるようなあざやかな金、あるいは色あせた金、つつましやかな金、あるいは照り輝く金。(…)このおびただしい財宝にもかかわらず、重すぎる感じはしない。数限りもないさまざまな形象の下にもちゃんとした秩序のたしなみがあり、極度に複雑な意匠の中にもちゃんとした調和があるので、全体が単純にそして落ち着いて見えるからである。（ロチ）[55]

微光しか入らない拝殿で、さまざまな金色がおりなす空間模様。それは金色の夥しい宝物といえる。しかも調和が取れ、秩序があるので、金色が過重にはなっていない、という。

東照宮の内部を、フランスの読者に示すためにつづっていく筆さばきは、じつに鮮やかで華麗である。もう一度、金色の描写を読み返したい。

> 黄色い金、赤い金、みどりの金。目の覚めるようなあざやかな金、あるいは色あせた金、つつましやかな金、あるいは照り輝く金。(…)（ロチ）[55]

金色に「黄色の」「赤い」「緑の」「目の覚めるような鮮やかな」「色あせた」「つつましやかな」「照り輝く」と、これだけの種類を見わけている。同じ金色をここまで豊かに表現すれば、フランスの読者の眼に浮かぶ。映像がなくても、充分にお廟の中の雰囲気が伝わるのではないだろうか。鮮やかに描きわけるロチの力量はたいしたものである。

ところでヨーロッパ人の読者にとって、金色が豊かに使用される宗教芸術は、おなじみである。キリスト教美術では、中世以来、福音書や暗い教会堂で神々しさを出すため、金色は必須だった。聖なる色である。ゆえに、金色の力をもって、東照宮の装飾が為されていることは、共感をもって納得された。

●注 2）ギメ、151頁。　50）ラファージ、51頁。　52）バード、153頁。　53）ダヌタン、66頁。
54）ラファージ、52頁。　55）ロチ、150、151頁。

御本社 3
本殿 何もないことを知る

　拝殿で金色の世界に包まれた外国人は、さらに奥の本殿には行けないことを知っている。サトウがガイドブックで明記しているとおりである。

> 彫刻の施された扉の向こうには、ホンデン、中心の御堂があり、四室から構成されているが、近づくことはできない。初めの室には、公式にはゴヘイがあり、最後の室には多分イハイ、東照宮と書かれたタブレット（銘板）があるという。（サトウ）56)

　拝殿までで拝観はおしまい。この先は行けないし、御幣とタブレットがあるらしい、との情報から、外国人たちは、ふと、疑問にとらわれる。石鳥居をくぐってからこの拝殿まで、日本の装飾の豪華さの連続に感動してきたし、祀る対象である家康への製作者の強い思いを感じてきた。その最後にあたって、「では、この聖殿に何があるか？」という質問のところで、答えが、御幣とタブレットだけで、「何もない」というのである。この拝殿ですら神聖なものとしては、ただ、鏡であったり、金色の花であったりするところに、彼らは非常に驚く。

　バードは、正直に述べる。

> （下の山内の）入口から、折れ曲がった杉並木（表参道）を通り、複数の境内や門・社殿・塔・銅の大きな鐘、そして金の象嵌のある灯籠の間を抜け、さらには、そのすばらしさに当惑さえ覚えながらこの最後の境内を通り抜け、複数の門（陽明門・唐門）を通過して金色の社殿（拝殿）のほの暗い中に入っていくと、そこには何と金属製の丸い鏡が載った黒漆喰の机が一つあるだけだった！（バード）40)

　世界を股に掛ける女性旅行家バードが、江戸からはるばる登ってきて、ようやく見つけたのは、「丸い鏡の載った黒漆喰の机だけ！」である。

　ラファージもここは豪奢な飾りで満たされているのに、お供えはあるのに、その信仰の対象は見えない。「何もない」ことを知った。

> （拝殿と石の間は）半ば夢幻的なもので満たされている。（…）一番奥の壁には象徴的な鳥の彫刻が隈なくはめ込まれてある。天井には彫刻と象嵌が施され、国の花、霊鳥、飛天、葵の紋などが彩色されている。（しかし、）時たま出される神鏡、つりさげられた鍍金の飾り、しめ飾りのほかには、なにもない。（ラファージ）50) 54)

　極めつけは、ロチの記述である。

第4章　東照宮

バードは「丸い鏡が載った机が一つあるだけだった!」と驚く

　ほとんど夜のように暗いこの神社の奥全体は、金彫りをした黄金の金具のついた黒塗りと金でいの大きな扉で占められていて、わたしには見せてもらえない非常に神聖なある場所を閉じ込めている。しかも、説明によれば、それらの厨子の中には何も入っていないのだという。しかも、英雄たちの神霊が静かに引きこもっていることを好む場所であり、神官といえどもある一定の機会以外にはそれらの扉を開けないのだという。(ロチ)[57]

　本殿の、最後の最後には、「何も入ってない」厨子。神官といえども普通は「開けない」厨子。豪奢さの奥の奥、その真中にありながら、祀られるもの自体は、何もない、見えないという事実である。では何故これだけの意匠を工夫し、お廟を建て、山を切り開いたのか。そこに驚くのである。

　豪奢さの真中で、祀られるものは、何もない。何があるのだろう、と期待しながら下界から昇ってきたのに、結局何もないことを外国人は告げられる。

　日本人なら、神様のことは秘すべし、という感覚は当然であるし、円い鏡ということで有難く礼をして参拝を終える。しかし、

●注　40) バード、152頁。　50) ラファージ、51頁。　54) ラファージ、52頁。　56) Satow, p.17.
　　57) ロチ、153頁。

外国人としては、納得しなければならない。そこでロチとしては、厨子は見てはいけないから見られないし、中味がないのは、神霊が静かに引きこもっている場所であるから、と説明する。

　ラファージは、何もない、といったあと、「魂の住居」ということにする。

> 　このように仏像も礼拝用の道具もないことは、確かにここが、ある人の住居—神格化された魂の住居、その神霊がこの世に存命中、住みなれていた住居という感じを残している。（ラファージ）54)

神格化された魂がここに住むと、理解する。神霊が引きこもり、魂が住む場所。その御本社をそろそろ彼らもあとにする。

> 　実は、きりのない細部を見る愉しみには、疲れ果てていた。
> 引き返して門のところで再び靴をはき、方向を変えて中庭の東側に降りて行った。（ラファージ）54)

　靴をはいて、私たちも最後に家康の墓へ向かおう。

眠り猫　石段　家康の墓へ

> 　家康の墓へ行くには再び唐門から出て、護摩堂と神楽殿の間を抜け、東廻廊の扉を通る。この扉の上には、左甚五郎のネムリネコと呼ばれる彫刻がある。（サトウ）56)

眠り猫

　サトウは唐門を通り、東廻廊の眠り猫をガイドブックに紹介した。そのため、後続の訪問者たちも、

> 　有名な左利きの彫刻家・大工・建築家の作といわれる高浮彫りの白猫が眠っている。家康存命中の気性と似ていないこともない用心深い眠り方だ。（ラファージ）58)

と、コメントする。

　「この入口（坂下門）をはいって奥に進むと、その家康の墳墓がある（ラファージ）58)」が、この坂下門の内と外について、バードがすばらしい記述を残している。

> 　門をくぐり、苔や雪割草の緑が目立つ石敷の参道に入っていくことになる。（門の）内にあっては富と芸術が黄金と

第4章　東照宮

極彩色の不思議な世界を生み出しているのに対して、(門の)外にあっては自然が偉大な将軍の荘厳な墓を、悲しみをたたえながらすっぽりと包んでいる。240段の石段を上った山の頂きの一番奥の高いところ、家康を称えて建立されたすべての社殿を背後から見下ろすかのごとく、大きな石積みの上に青銅の壺がのる簡素な墓（奥社宝塔）があり、そこに家康の遺骸が眠っているのである。(バード)[34]

家康の墓

奥社まで登ったバードは、眼下の豪華な社殿群と、自然に囲まれた簡素な墳墓を対照させた。

ラファージもこの人工と自然の対比に気づくが、さらに、鎖国政策をとった徳川幕府を開いた家康の墓を自分たち外国人が訪れることを、皮肉に思った。

> 何世紀もの間、日本を過去の姿に固定し、ペリーが来るまでそのまま釘づけにした男の墓。(…)あの忌むべき外国人がいま、観光的な好奇心に駆られながら、その墓の手すりにもたれかかっているのである。
> （ラファージ）[58]

そして同時にカトリック信者として、幕府のキリスト教迫害にもコメントを禁じ得ない。

> なるほど、家康在世当時の指導者たちはこの民族に変化は危険だと見てとったのかもしれない。だが、死んでいった数十万の勇敢なキリスト教徒の血が、はたしてそのあと埋め合わされてきたかどうか。（ラファージ）[59]

と、殉教者への思いは断ち切れない。

さて、この高所の墳墓から石段をくだって戻る前に、ギメと共に私たちも、次の光景をしっかりと見届けたい。

> 降りようとして振り返ると、足の下は金色の屋根の大海のようである。樹木は波のように輝き、躍動しており、樹木

● 注 34) バード、154頁。　54) ラファージ、52頁。　56) Satow, p.17.　58) ラファージ、53頁。
　　59) ラファージ、54頁。

のこずえが形づくる緑の岬や小島が大海から浮き出ている。(ギメ)[60]

東照宮全体の社殿群を金色の大海と見て、樹木が緑の岬や島を作る。人工美と自然美を同時に捉えた。なんと、うつくしく、ダイナミックな表現であろう。

深い山奥に開かれた東照宮ならではの感動を、外国からの訪問者はあじわった。日光聖山全体を大きくとらえた彼らの感想、見方は、第6章で明らかにする。

ギメも見た「金色の屋根の大海に樹木がつくる緑の小島」

●注 60) ギメ、153頁。

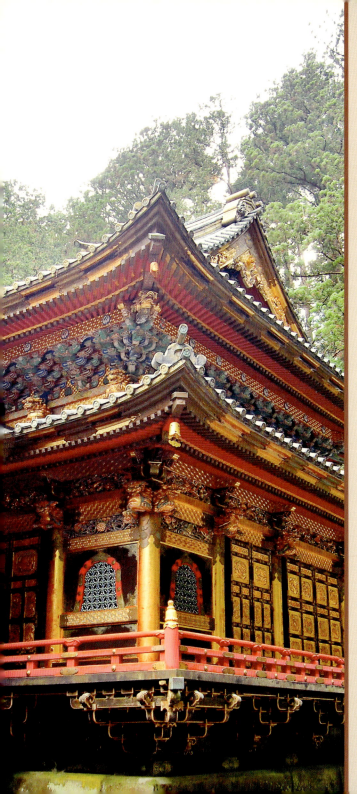

第5章 輪王寺〜大猷院
常行堂 三仏堂

黒と金に朱の大猷院

第５章　輪王寺

輪王寺　〜東照宮と比して〜

　東照宮に続いて外国人が訪ねるのは、輪王寺である。輪王寺は「お寺・お堂・支院の総称」で、輪王寺という単独のお寺ではない。日光山における仏教の伝統は奈良時代にまで遡り、当初より神道と習合して、日光を一大聖地とさせてきた。ちょうどサトウら外国人が訪れ始めた明治初期は、神仏分離令の影響があったものの、その本坊や塔頭は明治天皇はじめパークス英国公使など、その頃の来訪者の宿泊施設として大いに貢献した。

　来訪者がまず目指すのは、家光の御廟、大猷院（天皇から与えられた家光の法号）である。「死後も東照大権現にお仕えしたい」との遺言によって建てられた、江戸初期の代表建築である。その構成と配置は、東照宮に倣っている。表門にあたる仁王門から宝庫、御水舎、鐘楼、鼓楼とつづく付属建築の並べ方。廻廊、透き塀をめぐらした本殿（御霊屋）の周りの構成。すべて東照宮とよく似ているが、やや小型になっている。

　その一方、配置の中心軸は複雑に技巧的に工夫された。たとえば、表門（仁

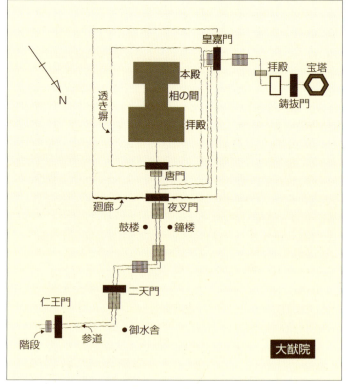

第 5 章　輪王寺〜大猷院　常行堂　三仏堂

折れ曲がりながら階段が続く

王門）と夜叉門（東照宮の
陽明門に当たる）の間に二天
門が建て増され、奥の院への
入り口にも皇嘉門がある。門
を結ぶ参道も、折れ曲がりを
持っている。さらに、大猷院
（拝殿・相の間・本殿）の内
部の意匠は、東照宮の御本
社に比して、より洒落た技巧
をこらしている。

　こうした変化、すなわち東
照宮の彫刻と色彩のあふれる
ような力強さに変わる、繊細
さと安定感に、外国人は気づ
いたであろうか。

御水舎　ラファージは「東照宮よりも優美で」と気にいる

大猷院へ
門・階段

では、先駆者サトウはどうであろうか。門については、一つ一つ記述している。仁王門では仁王の緊張した筋肉の動きに感心し、二天門の風神・雷神に関しては、その手とつま先立ちの足の指の数にまで注目する。夜叉門の四天王はそれぞれ東西南北の四方向を守護するものであると納得する。

そして、面白いことに、それぞれの門に階段で至ることを、「次の踊り場へのひと昇りの階段が導く」[61]という表現を用いた。つまり、大猷院に向かう山全体を一つの空間と捉え、その通り道として階段が続くこと、さらに階段の踊り場に

二天門正面右 広目天像

二天門正面左 持国天像

裏側 太鼓を背負う雷神像

裏側 風袋をかつぐ風神像

二天門の神々に見守られ、階段を上る

「光と影の木立は、一幅の崇高な絵に見える」と画家ラファージは絶賛

第5章　輪王寺〜大猷院　常行堂　三仏堂

すなわち参道の向きを変える場所に門があることを、見抜いている。門を結ぶ参道を「踊り場へのひと昇り」とみなすのは、いみじくもこの大猷院の、折れ曲がりながら上る構造を見事に捉えたものである。

ラファージは、大猷院を「魅惑的で女性的な美しさを持ち、完全[62]」であると、絶賛する。東照宮とは違うことを意識した。そして全体が「一組の宝石のように山の形におさまっている[62]」という。

上へ至る構成にも関心を示した。つまり、階段を登りながら、見下ろしたり、見上げたりしては、次々と通り抜ける門の変化に喜んでいる。

たとえば、「赤と緑の二体の巨大な護衛が立つ[63]」二天門を経てから、その上の夜叉門に向い、振り返って眺め下ろせば「脚下に狭い谷間を横切る光と影の木立は、一幅の崇高な絵に見える[63]」と楽しんでいる。

あるいは、上へ登る途中、「朱と黄金の影の中でひと休みしながら」見上げて、次の夜叉門を、「一層華やかな朱塗りの門で、花に似た趣を[63]」呈していると感心しているのである。

そして最後は、いよいよ大猷院に向かう。

真珠と黄金を巧みにはめ込んだ天井と、彫刻と彩色を施した格子のある壁

階段を上ると、手前に夜叉門、奥に唐門。夜叉門は「花に似た趣」（ラファージ）

●注 61) Satow, p.21.　62) ラファージ、55頁。　63) ラファージ、57頁。

唐門と左右に透き塀。「美しい門をくぐり抜けてお廟に進んだ」(ラファージ)

とをもつ、この美しい門(唐門)をくぐり抜けて、私たちは門のすぐうしろに続くお廟に進んだ。(ラファージ)[64]

唐門の美しさを確認して、奥の拝殿へ進む。

こうして、ラファージは向きをかえながら山に沿った形で、階段を上り、門をくぐり、大猷院に至る。その行程をいとも楽しげに書きつづった。まさに、大猷院造営に際しての、山に沿った軸線の折れ曲がりという工夫を体感したに違いない。だからこそ、大猷院が「一組の宝石のように山の形におさまっている」[62]と言えたのだろう。

ロチは大猷院と東照宮の、全体の印象の違いについて、こう述べる。

ほぼ同じように壮麗である。そこへ到達するには、同じように連なっている幾つもの階段や、金彫りと金でいをほどこした小さな灯籠や、漆塗りの玉垣などを通りすぎてゆく。しかし全体の結構は東照宮よりも多少混乱している。というのは、大猷院では山が前よりも険しくなっているからである。(ロチ)[65]

東照宮の幅の広い参道と中庭を観察したあとの眼には、この参道は方向を転換させるので、「混乱」と映った。

第5章　輪王寺〜大猷院　常行堂　三仏堂

美しい扉を経て拝殿へ入る

大猷院　1
拝殿・相の間・本殿

　ラファージは大猷院に赴く前に、次のような説明を友人、おそらく若い文部官僚の岡倉覚三（天心）から聞いていた。

> 孫の廟は初代の祖父の廟に比べて遥かにてらいが少なく、楽しみにつきまとった欠点はそれほど多くないだろう。（ラファージ）[62]

　ともかく、参道の石段は「険しい山」を参拝者に登らせて、大猷院のお廟へと導いていく。

拝殿　右は相の間　ラファージは格天井からの美しい天蓋にも眼をとめた

●注　62）ラファージ、55頁。　　64）ラファージ、58頁。　　65）ロチ、155頁。

つまり、東照宮では、豪華さを見るという楽しみには必然的に、製作者の見せびらかそうとする意識をともなうが、孫の方は祖父より控えめであるので、その心配はないと言われたのである。

たしかに東照宮を拝観したあと大猷院にお参りすると、今日の私たちも、その印象がだいぶ違うことに気付く。当時の外国人はどうであろうか。

バードは、拝する対象の数の違いを、指摘する。

> こちらは今も仏教徒が管理しているので、仏教の神（仏）とすばらしい仏具類であふれており、その点で、まばゆいばかりの金と色彩に囲まれて神道の鏡だけがぽつんとあるのと好対照をなす。（バード）[66]

これは当時神仏分離のため、また、本堂（三仏堂）が移築中で、この大猷院の堂内に「100体を超える立ち姿の仏像が並んでいた[67]」ためである。しかし、拝む対象として、鏡がぽつんと一つあるのに対し仏像が複数あるという違いは確かにその通りで、外国人ならではの指摘である。

芸術性の相異を見たのは、ラファージであり、大猷院内部は、「東照宮に比べるとてらいがなく、しかも一層深い精神的な優雅さがある。[64]」としている。

そして黄金のお堂の中で、外からの微かな光に映える金の仏具の輝きに感動した。

ロチが注目した 金の花瓶に金の樹木

第 5 章　輪王寺～大猷院　常行堂　三仏堂

内部のすべては燦然（さんぜん）たる黄金のなかに静まっていた。黒と黄金の格子の小さな孔を通して下から差し込む微かな光が、金色の内部全体を夏の陽の影のなかに取り残し、その影のなかで漆塗りの机の上の黄金の仏具がきらきらと輝いていた。(ラファージ)[68]

黒と金の世界に、落ち着きと静けさを感じた。

また、家光公養女の寄進した美しい天蓋（てんがい）にも目を留める。「格天井から金属製の天蓋が燈のない豪華な釣り提燈の鎖といった形でぶら下がっている[68]」と。

金色描写の達人、ロチはどう見たであろう。ロチは、「金の照り輝きはイエヤズの廟のそれと同じである。どちらの方が最も立派なのだか見当もつかない。[69]」と、特に優劣はつけていない。そして、「金メッキをした青銅の大きな花瓶」に眼をとめる。

床にじかに置かれた花瓶の口からは、実物大の金の樹木が天井まで伸びている。軽そうな金の竹や、無数の非常に細かな小さいとげをもっている金の杉の木や、まるで春のように花をつけている金の桜の木などが。これらの植物の一つ一つは、日本芸術の特色であるあの忠実さと、同時にまた非常な素朴さと非常な巧妙さとをもって、実物に似せてある。そしてこの廟全体の背景であるあの金色の半陰影の前で、より明るい金のもやのようなものを形成している。(ロチ)[69]

やはり、金色描写に長けているだけあって、金色の背景の中の金色の花瓶と金色の植物に惹かれた。半陰影の前で少し明るい「金色のもや」のようだと観る繊細さは、見事である。

ところで、ラファージとアダムズの一行は、輪王寺の塔頭（たっちゅう）、禅智院（とうりゅう）に逗留していたため、「お坊さんたちとは顔なじみで説明の手伝いをしてくれた」ばかりか、おそらく、その好意で戸口から「内陣を、ほんの数分のぞいてみた[68]」という。

ゆらゆらと燃える松明がただ一つの明かりで、(…)暗い影に包まれて、一度も開かれたことのない金色の社殿が建っている。細部はどれほど貴重なものかは知らないが、反射する黄金の影になって何も分からない。名状しがたい穏やかな荘厳さがあたりに満ちている。(ラファージ)[70]

金色の中に「穏やかな荘厳さ」を見たという貴重な証言である。

●注 64) ラファージ、58頁。　66) バード、155頁。　67) バード、156頁。　68) ラファージ、59頁。　69) ロチ、156頁。　70) ラファージ、60頁。

大猷院 2
外からの本殿 皇嘉門

　大猷院は黒と金を基調にし、赤の縁取りで穏やかさを加えている。東照宮が白と金を基調にし、黒の縁取りで峻厳さを強調しているのとは対照的である。人と神との違いとも言われているが、それは、本殿を外から見るとよくわかる。
　この大猷院の金・黒・赤の三色使いを日記に記した訪問者がいる。メアリー・ダヌタン公使夫人である。「皇室から特別に許可をもらった53)」とたいへん光栄に思いながら見学した。

　巨大な扉（唐戸）には、すべて金の浮き彫りが施してあり、それぞれが別の模様で、金の漆塗りの柱がその間に立っている。私たちが歩いたのは、（もちろん靴を脱いでだが）最初から最後まで黒い漆塗りの廊下の上で、朱塗りの欄干が廻廊の全体にわたって取りつけてあった。（ダヌタン）53)
（※下線は著者）

　靴を脱いだダヌタン夫人は、「金の浮き彫り」と「金の漆塗りの柱」を観察しながら、「黒い漆塗りの廊下」を歩き「朱塗りの欄干」を目にした。そしてその経験を、「いままで見たことのないほどの絢爛豪華な目のご馳走」と喜んでいる。

「金塗りの柱、黒塗りの廊下、朱塗りの欄干」をダヌタン夫人は通った

第5章　輪王寺〜大猷院　常行堂　三仏堂

　さて、お廟を後にし、奥院（家光の墓所）へ向かうには皇嘉門を通る。明治の初めまでは、外国人はその墓所まで参観できた。バードは、家光の宝塔の前の鋳抜門から東照宮方面を見おろした景色が、日光で一番美しいと讃嘆の声を上げた。
　今日の参観は皇嘉門までなので、この門へのラファージのコメントを紹介する。

　　塚に似た形の奇妙な白い門がある。大きな屋根が黄金と様々な色彩の腕木の上に広がっている。彫刻のある黄金の扉がついていて、中央の板は全部格子作りで法輪が印されてあった。ここか

ら長い階段がはじまり、木立を抜けて墓まで通じている。（ラファージ）70)

「陽明門」と同じく「皇嘉門」は、宮中にあった門の名を頂いている。
　その白さが眼を引くが、ラファージが注目した金色の扉も繊細でうつくしい。

　避暑に来ていたラファージは、ここで、色彩芸術家ならではの感想を述べる。

　　いまこうして夏の豊饒と壮麗のなかで、青銅、漆の色、黄金の彫刻が、自然の岩や木立とつくり出すコントラストを見ている。それも素晴らしいが、

「塚に似た形の白い門」皇嘉門。ラファージは「彫刻のある金の扉」に注目した

●注　53）ダヌタン、66頁。　70）ラファージ、60頁。

出来れば、朱、白、黒、黄金のこの豊かさ、輝かしさ、温かさを、冬の雪の中で眺めてみたいと思う。豊饒な洗練をいま以上につくり出すのではないか。雪の白と大杉の黒の簡潔なコントラストが、黄金と漆と彫刻と青銅のこの膨大な堆積を気にならないようにさせるのではなかろうか。
（ラファージ）[70]

画家という視覚のプロであるから、大猷院(たいゆういん)の朱、黒、金のもつ豊かさと温かさには気づいているが、それを、雪の白と大杉の黒のなかにおくとより洗練された美しさを見せるし、美の堆積を過重には感じなくなるというのである。

いずれにしてもラファージは、先にも紹介したように、大猷院を「魅惑的で女性的な美しさを持ち、完全である。[62]」と絶賛する。「一組の宝石[62]」を、雪の白さに置いて愛でてみたかったのであろう。それほど気に入ったのだといえる。

常行堂(じょうぎょうどう)
〜ギメの勤行参加と思いがけないプレゼント〜

大猷院への最初の門、表門（仁王門）に向かう手前に、常行堂(じょうぎょうどう)と法華堂(ほっけどう)がある。二つの御堂は渡り廊下でつながれている。
サトウは、ガイドブックに二つの御堂を紹介するが、常行堂は摩多羅神(またらしん)を、法華堂は鬼子母神(きしぼじん)を祀っていると触れるぐらいで、大猷院(たいゆういん)へ先を急ぐ。帰路も、慈眼(じげん)大師堂(だいしどう)（天海僧正の御堂(てんかい)）とお墓に赴く。

しかし、フランスから宗教研究の名目で来日した実業家エミール・ギメは幸運にも、ここ常行堂で大変貴重な経験をすることができた。

明治9（1876）年にギメに応対してくれたのは、満願寺(まんがんじ)（神仏分離令で分立し満願寺と称していた）の副住職、彦坂諶厚氏で、のち、明治18（1885）年に輪王寺門跡の第一祖となられた方である。

ギメは副住職の家を訪問し、天台宗の教義の説明を受け、書庫で古い絵や貴重な書物を見せてもらった。さらに翌朝、常行堂に赴くと、「午後には、私（ギメ）の参詣に敬意を表して、彼が催す盛大な儀式に招いてくれるという。どんなに嬉しかったか口で言えないほどである[71]」と素直に喜ぶ。

午後、常行堂で儀式が始まるとき、ギメ自身がいわく「数年前にはこの場所への参列は死刑に処せられたはずだが、いま最高の敬意で迎えられている外国人がここにいる。[72]」と、恐縮しごくだった。

ここでの行法は、導師は祭壇前の席に座すが、多くの僧たちは御本尊の周囲をめぐり、阿弥陀経を唱えながら声と心を仏様に集中する。ゆえに、その声が一番の印象となった。

第 5 章　輪王寺〜大猷院　常行堂　三仏堂

　この半音階の律動的な唸り声は、自然の偉大なハーモニーを連想させる。あるときは潮騒の豊かさと力強さが、あるときは大きな松林を吹く風の哀れで甘い歌が認められる。それは祈りではなく、存在するものの響き、魂のコンサート、人間を超えた世界から来たハーモニーである。(ギメ)3)

と、感動している。
　じつはギメは、自身でピアノ曲を作曲するほど音楽の才能も持っていたので、耳も敏感で、東洋の音階に魅せられた。

そして、自分だけでなく、「この感動に満ち、胸を打つ響きは、すべての仏陀の魂を震えさせているに違いない。」と考え、そして結局「私はと言えば、強烈な印象を受け、唖然としている。3)」

ギメが儀式に招かれた　常行堂

ギメは堂内で「魂のコンサート」にふれた

●注　3) ギメ、165 頁。　62) ラファージ、55 頁。　70) ラファージ、60 頁。　71) ギメ、158 頁。
　　　72) ギメ、164 頁。

さらにこの感動の翌日、今度は副住職の訪問を受けるのだが、そこである申し出を受けた。

> もし私（ギメ）がリヨンに仏教のお堂を作りたいなら、その調度一式を私に与えようと言った。私は断らなかった。（ギメ）[73]

神仏分離で仏像が移動している時期ではあったが、調度一式の寄付を受けたのである。思いがけないプレゼントだった。

思えば、ギメは仏教芸術に関心を持ち、その勤行に感動した。そんな熱心な参詣の態度であったからこそ、副住職が調度一式寄付の申し入れをしたくなったのであろう。こうして、ギメ自身も日本でのコレクション蒐集を発展させ、ひいてはギメ美術館の開館へとつながったのである。パリの国立ギメ東洋美術館の設立の源は、日光での感動と言っても許されるのではないか。

本堂（三仏堂）１
～解体移築の目撃者～

本堂は、千手観音、阿弥陀如来、馬頭観音をお祀りしている。この三体の仏様それぞれは、日光三山の男体山、女峰山、太郎山を御神体とみての本地仏とされる。ゆえに、三仏堂とも呼ばれる。

現在は平成31年まで平成の大修理中で大伽藍は拝観できないが、サトウやバードが訪れた時は移築問題で紛糾していた。

明治4（1871）年1月9日、日光県知事が日光山の神仏分離を命令し、東照宮、二荒山神社、満願寺への分立が余儀なくなったからである。それに伴い、両神社の敷地内の仏教施設や仏像の一部を、満願寺境内に移転することになった。すなわち、日光の誇る大伽藍であった三仏堂は、解体と旧地（現在の二荒山神社社務所の地）から今の地（日光山の玄関口）への移築を迫られていた。

彼らの訪問はその渦中であった。

サトウが訪問したのは明治5（1872）年の3月で、お堂はすでに公開されていなかった。

> 銅のトリイを過ぎると、サンブツドウ、すなわち、三つの仏の堂につく。そこには、千手観音、馬頭観音、阿弥陀如来と、木製の勝道上人像が祀られる。しかし、分離令でこの地は神道のものとなり、この堂は閉鎖されている。そして、御像はもっとふさわしい環境に移転されるのを待っている。（サトウ）[74]

と、事件現場報告のようにリアルである。とはいえ、外から本堂を見上げて、感心している。

> この建物は立派で、100フィート（約

第 5 章　輪王寺〜大猷院　常行堂　三仏堂

30 メートル）の高さがあり、奥行き 80 フィート（約 24 メートル）ある。赤く塗られて輝き、背景の山深い緑の森に映えて美しい。（サトウ）[74]

　旧地にある大伽藍の印象記録として、大変貴重である。
　その後、この大伽藍の解体が着手されたものの、財政基盤を失った満願寺は移築を実行するのが困難であった。そのような状況下、明治 9（1876）年 6 月、明治天皇が奥州函館巡幸の際に日光に行幸され、満願寺本坊（現在の東本坊）を行在所とされた。そして直ぐ後の夏に、三仏堂を古来のままに移築するようにと三千円の御下賜があった。そして移築は具体化されていく。

　ギメの訪問は行幸のすぐあと、明治 9（1876）年 9 月のことで、常行堂には東照宮にあった神の象徴が多く押し込められていて、「神々の納屋のようだ（ギメ）[75]」と述べる。明治 11（1878）年訪問のバードが大猷院で「仏と仏具類であふれており[66]」と記したのと同じく、仏像と仏具を急きょ満願寺の方に移動させていることが分かる。
　本堂は明治 12（1879）年に移築が

本堂の大伽藍。この移築現場をモースとバードは目撃した

●注　66）バード、155 頁。　73）ギメ、167 頁。　74）Satow, p.19.　75）ギメ、155 頁。

完成したのだが、明治10（1877）年のモースと明治11（1878）年のバードが建築現場を記録している。

モースは御下賜から一年経った明治10（1877）年6月末、いよいよ、工事が始まっているのを目撃する。

> 労働者が大勢、合唱をしながら建築中の一つの土台に大きな材木を運んでいる。我々は彼らが働くのを見るために囲いの内に入った。（…）労働者たちが二重荷車を引張ったり、てこでこじたりしていたが、ここでも彼らは元気よくうたう。群を離れて立つ人が音頭を取り、一同が口をそろえて合唱をすると同時に、一斉的な努力をして、ぎこちない代物を6インチ（15センチ）ばかり動かすという次第。（モース）[76]

親方の掛け声のもと、労働者たちが調子を合わせて重い資材を運ぶさまを、科学者モースは興味深く観察している。

バードはその翌年の明治11（1878）年6月の状態を、次のように記述した。

> 表参道の右手に一棟の大きなお堂（三仏堂）が建造されつつある（…）。これは家康の神社から排斥された仏具類を収蔵するためのものである。（バード）[77]

モースの目撃後、一年経って、工事も土台作りの段階から「大きなお堂」とわかるまでに進んだ。新しい本堂も、日光山内で最大の建物で、間口33.8メートル、奥行き21.2メートルを誇る。

こうして翌年の明治12（1879）年に移築は完成し、同じ年の7月に米国グランド大統領一行を日光に迎えた。宿泊先は、明治天皇と同じく、満願寺本坊であった。

本堂 2
～移築後の御堂の中に三体の仏様～

では本堂移築後の証言を一人紹介したい。

明治18（1885）年来訪の、金色描写の達人、フランスの作家ロチである。読経のさなか、本堂の中に招じ入れられた。

> 内部はすべて黒と金の漆塗りで、特に金が多い。壁面、金の絵様帯の上には、黒と金の加工した漆塗りの格天井のついた天蓋がひろがる。神々のおわします奥の間は、長い金襴（きんらん）の垂れ幕で隠されている。（…）
> 明らかにここは千年前のそれと同じようであるが、完全に新しい。その黄金は照り輝き、その壮麗さはまったく新鮮である。（ロチ）[78]

第5章　輪王寺〜大猷院　常行堂　三仏堂

移築して修理も加わり、黒と金の新しい耀きを放っていた。
　さらにロチは、金襴の垂れ幕の奥の内陣に案内された。暗闇の中、垂れ幕の下から滑りこむかすかな光で、三体の仏様の大きな蓮の台座をまず発見する。

> ここはほとんど夜のようである。金襴の厚い幕の下の方から忍びこむかすかな光が、縞目をつくって床の上にすべり込んでくる。そのため、天蓋に近い高所の方は深い闇の中に没している。
> 最初のひと目で、この広い場所が黄金の三つの蓮でふさがれているのが分かった。旋盤の底のように大きくて、その葉は薄闇の中で大きな楯のように光っている。わたしはこのような神々の台座は以前からよく知っているのだ。で、頭を上げながら、わたしはこれらの花々の上に座っているはずの仏像を、上の方の暗闇の中に見分けようとつとめる。（ロチ）[79]

下からの光を頼りとするので、仏様の蓮の台座はなんとか識別できた。眼を凝らしながら、すこしずつ視線を上の方へ向ける。

> まず私には彼らの巨大な膝が光っているのが見える。それから次に、私の眼が一層慣れるに従って、巨大な三つの金の偶像が、この人工的な暗がりの中に、上から押しかぶさるように眼前に浮き出てくる。
> それは11の顔と千の手をもつカンノンであり、馬の頭をしたカンノンであり、冷やかに笑っているアミダニョライである。
> 茶色がかった黄金の頭や光背はほとんど見えない。わたしはそれらを推測するのである。（ロチ）[79]

三仏堂本尊
ロチの眼が暗闇に慣れるにつれて、「旋盤の底のように大きい蓮の台座」「巨大な膝」「三つの金の偶像」が順に眼前に浮き出てくる

● 注　76）モース、69頁。　77）バード、157頁。　78）ロチ、134頁。　79）ロチ、136頁。

上に行くほど暗さが増す闇の中で、ロチは、千手観音、阿弥陀如来、馬頭観音のお膝とお顔と光背を、順に見上げる。一生懸命に観察したり想像したりするロチの姿が、私たちの眼に浮かぶような文章である。

男体山、女峰山、太郎山の三神山のもとになる仏様がここに並ばれている。山をイメージするごとく、大きく、輝いている。

ところで、先の常行堂には、サトウが指摘したように摩多羅神という平安時代から篤く信仰された神様が、東照宮造営のときに移転されて祀られている。その縁もあって、東照宮は、明治維新の御祭神変更まで、東照大権現（家康公）、山王大権現（比叡山天台宗の守護神）、そして摩多羅神（日光霊山修行の守護神）の三神をお祀りしていた。

このように、三仏堂と東照宮を例にしてもわかるように、江戸時代まで、日光山全体は仏と神が同一という信仰であった。お寺もお宮も、「日光山」の名のもとに混然一体となって神仏習合の霊地を形づくっていた。

その日光山全体を比叡山・寛永寺と共にすべて統括したのが、三山管領の輪王寺宮門跡で、関東唯一の皇族住職であった。その宮様のための御庭が逍遥園であり、また、現在は宮内庁管理の御墓もある。

この混然一体とした霊山の雰囲気を感じ取ったのが、明治期訪問の外国人たちであった。案外、平成の私たちよりも敏感に、お山全体を聖山と捉える事が出来たのだと言えよう。

第6章 日光聖山〜全体の印象〜

「日光の聖なる山」をめぐり、寺社の壮大な全体像を想う

第6章　日光聖山　〜全体の印象〜

　日光は現在、二社一寺、すなわち東照宮・二荒山神社・輪王寺という三つの宗教体として捉えられている。しかし明治4（1871）年の神仏分離実施の前までは、日光山として一つの聖山であった。

　外国人訪問者は、日光聖山として全体の印象を語っている。そこから逆に、明治期はなおも、一山でありつづけたことがわかる。

　作家ロチ、思想家アダムズ、詩人クローデルと共に、ここで改めて大きな聖山として日光を捉えてみたい。また、修復維持、管理に感心したことも紹介したい。

「日本のメッカ」〜ロチの評価〜

　フランス作家のロチは、『秋の日本』というエッセイ集のうちの一章を、日光に捧げている。その章の題名はずばり、「日光霊山」である。すなわち、「東照宮」でも「大猷院」でも「満願寺」でもない。全体を「霊山」と名付けているのである。

　ロチは表題に続き「日光を見なければ結構という詞を使用する権利がない。（日本の諺）[14]」とまず紹介する。そして、本文冒頭は、「ニホン本島の中央に、ヨコハマから50里離れた樹木の多い山岳地帯に、あの驚異中の驚異である日本の昔の将軍たちの霊廟がひそんでいる。」と書き出す。

　では、どこにひそんでいるかと言うと、

> 鬱蒼たる森の木陰に、ニッコー霊山の傾斜面に、杉の木陰で永遠の響きを立てている幾多の瀑布の中ほどに、黄金の屋根と青銅と漆造りの一連の建物がある。（…）人手の加わらぬ大自然の中に、まるで魔法の杖にでもおびき寄せられてきたような様子をしている。（ロチ）[14]

　大きな山の斜面、森の木陰、滝の落ちる自然界のただ中に、寺社がいくつも点在し、まるで、魔法の杖で配置されたかのようであるという。おとぎの国のようなイメージで読者の興味を惹きつけてから、内部については、次のように賞讃する。

> これらの内部には想像もできない壮麗さ、仙境的な美しさがある。（…）こういう神秘のただ中で、あのすべての金色の眩惑が、これらの墓所を地上における唯一無二のものにしてい

第 6 章　日光聖山〜全体の印象

東照宮のお宮は森の中、社務所へ続く

る。(ロチ)⁸⁰⁾

内部は壮麗、神秘的、それでいて、訪れる人の眼をくらませるほどの金色が溢れている。だから、将軍の墓所は地上で、たった一つしかないと高く評価する。そして、

「これは日本のメッカである。かつては輝かしい過去を持っていたこの国の、未だ侵されていない心臓である。(ロチ)⁸⁰⁾」

と明言している。
　そしてこの心臓部への、つまり日光への評価は、「ここに日本芸術の精髄があると私は信ずる。⁸¹⁾」と、抜群である。もちろん、精髄を認めることと、それを理解し個人的に愛するかということは、西洋至上主義のロチの場合、また、フランス人読者の評判を意識するロチの場合、全く別である。

　しかし、魔法の杖で散りばめられた日光霊山の寺社、ことに家康と家光の廟を高く評価して、「メッカ」と呼ぶ。さらに日光を、「他にも沢山の寺社や鳥居や建物や御墓などがある⁸²⁾」ので、森の下に建設された「まったくの精霊の都⁸²⁾」ととらえる。

●注 14) ロチ、104 頁。　80) ロチ、105 頁。　81) ロチ、152 頁。　82) ロチ、157 頁。

こうして、ロチの日本への判断は概してマイナスが多かったにもかかわらず、ここ日光霊山への評価は格別に高い。その取り組み方は、東照宮の御本社（67頁）や大猷院（81頁）での金色描写の見事な筆致にも表れているように、自分の美意識を動員して真剣である。そして、大自然に魔法の杖で配置された美しい寺社を外から、内部からつぶさに見たのである。

私たちも、精霊の都を歩き、魔法の杖の一振りに従って寺社をめぐり、内部の金色に眩惑されてはどうだろうか。そこが日本の「心臓」であり、「メッカ」と評されるほどの地であることは、間違いないからである。

「ヴェルサイユも大したショウではない」～アダムズの手紙～

これまで何度も登場してきた画家ラファージを日本旅行に誘ったのは、ボストンの名門出身の思想家ヘンリー・アダムズである。

アダムズは、特に日本文化に積極的なわけでもない。それゆえ、友人に宛てた手紙のなかで、寺院について触れることは非常に少ない。日光に来る前は、東京の芝の増上寺での2行のコメントのみで、のちに行く京都や奈良では、寺社への言及は皆無である。

しかし、ここ日光では新鮮な驚きを覚え、友人に例外的とも言える十数行の量の手紙を書き送った。そして、彼の印象に残ったのは、東照宮や大猷院の巧緻きわまる意匠ではない。建物にくり返される彫刻や極彩色の装飾は「安っぽくて[83]」「おもちゃの寺だ[84]」と退ける。

アダムズが注目し感動したのは、寺社造営のスケールの大きさ、すなわち山を切り開いたダイナミックな造営であった。

写真好きのアダムズは、手紙に同封して送った幾葉かを引き合いに出して、「写真ではそのスケールを全く表せられない。[83]」と、もどかしそうに説明している。そして写真の限界を嘆いた。

> 写真はたしかに、ここの一つの寺を、あそこの一つの門を見せてくれる。しかし、20エーカー（約2万5000坪）の広さの土地、それもたった一つの構築体をつくるために独創的に使われている土地は、写真では示せない。高さ100フィート（約30メートル）の常緑の木々で覆われた山の側面が、死後、神として祀られたひとの住居に作り変えられたことは、写真では示せない。（アダムズ）[83]

東照宮の造営規模は、ファインダーからはとうてい覗き切れない。そして、

> 「寺院の総合的な成果、つまり、墓、建物、装飾、風景、木々の葉からな

第6章　日光聖山〜全体の印象

アダムズが感動した、森の中の大造営

　る全体は、実際たいそう効果的である。（アダムズ）83）」

と、霊山全体で一つの構築体になっていることに注目した。

　驚くことに、寺社を好まないアダムズとしては最大級の言葉を尽くしている。しかも日本の寺社は西洋の教会と違って、建物一つで完結する単一体ではなく、山の樹木までも含めた、全体に組み込まれる総合体であることに気づいたのである。
　こうして大きな造営にあらためて、息をのみ、「日本人に出来る仕事として今まで考えていたのよりも、ずっと大きい。83）」と、驚嘆する。微小性、貧弱さしか感じられなかった日本で、初めて大胆な仕業を見つけた。その結果、自分の訪れたことのあるヴェルサイユ宮殿や知識としてのピラミッドを、例に出す。

　この造営は1400万ドルに相当し、ルイ14世やヴェルサイユは日光に比べれば大したショウではない。漆とグリースの一種のエジプトである。（アダムズ）83）

●注 83) Adams to John Hay, 24 July, 1886, Letters, pp.21-25.　84) Adams to Theodore Dwight, 17 July, 1886, Letters, pp.18-19.

手紙を読んだ友人は、イメージを膨らませて、日光のスケールを想像したことであろう。ルイ14世のヴェルサイユ宮殿など、大したものではない、というスケールを。

ちなみに、アダムズがこの日光を気にいったのには、本人は気付かなかったかもしれないが、新興国アメリカの歴史家という知識人として、日昇る勢いの江戸幕府の斬新な心意気と活力を直感したからとも言えるのではないか。

実際、アダムズの周囲には幼いころから、曾祖父や祖父の大統領としての国家建設、南北戦争時代（1861－65）に英国大使を務めた父の対ヨーロッパ交渉、実兄が社長を務める大陸横断鉄道の展開、自身が居を構えるワシントンDCでの工事に継ぐ工事・・・と、制度も都市も建物も芸術も、すべて作り上げて行く過程を目の当たりにしていた。

まさにアメリカを築きあげて行く立場の知識人アダムズは、新しい環境に挑む江戸のフロンティア精神を、直感したはずである。そしてこれだけの造営を敢行した技術力と財力に、脱帽したのである。

私たちも、この日光のお山全体をもう一度、アダムズの指摘したような思いで、見渡したいと思う。東照宮と大猷院の大造営が、いかなるスケールをもって山を切り開き敢行されたか。さらにその造営によって、古来からの寺社群が、いかにいっそう混然一体となって日光山を作り上げているか。たしかに、アダムズの言うように、ルイ14世の規模どころの話ではない。山全体が聖山となった。

「森の中の黄金の櫃」 〜クローデルの詩〜

30歳目前のフランス外交官クローデルは、明治31（1898）年、赴任先の中国上海から休暇を利用して、念願の日本旅行を果たした。東京横浜見学は後回しにして日光に直行した。東照宮の例祭があるとガイドブックに書かれていたからである。クローデルは6月2日と3日に祭礼を見学し、4日には中禅寺坂登攀を試みるが豪雨のために断念し、5日に東京に向かった。

ここで若き詩人は、2編の散文詩を残した。その一つの題名は、ずばり、「森の中の黄金の櫃」である。

「森」「櫃」「黄金」の三つをキーワードに、具体的風景から非現実の詩の世界へ深まっていく過程を読み解いてみよう。

まず宇都宮から日光に向かう車窓を次のように述べている。

> 西へと私を運ぶ汽車に揺られる長い時間、わたしは、眺めていた。奥深くに暗い森と重厚な山ひだ。前方にはいくつもの丘。（…）暗雲垂れ込めた空と火山群と樅の木々にとじ込ま

第6章　日光聖山〜全体の印象

> れた苦い空間は、夢の幻影が立ち上るあの黒々とした虚無の底に照応するのではないか。（クローデル）85)

汽車の窓から、嵐を予感させる暗雲と荒々しい自然を具体的に観察し、そこから詩の世界に入る。このような苛烈な野生自然の中でこそ、日常的現実を離れ、「夢の幻影」が姿を見せる非物質世界に、つまり「虚無の底」に至ることが出来る。
　だから、「イエヤス」は、賢くもこの地を選んだという。

> いにしえの将軍家康は、王者の知恵によってこの地を選んだのだ。いまや彼が立ち上る冥界の闇に、木々の闇をかさね、死者から神に変貌を遂げる。（クローデル）41)

眼の前の「木々の闇」は、非現実世界の「冥界の闇」となる。そして「死者」は「神」になる。ここにクローデルは、300年前の徳川の意図を、──すなわち、江戸の鬼門真北に位置し、厳しい自然の中、山を切り開き、東照大権現に江戸と日本を鎮守させようという意図を、クローデル本人が知らないうちに汲みとった。
　クローデル自身は詩人として、自然の霊力を見抜いたわけだが、それは、日光山全体を聖地とする日光山のあり方に一致した。これは、

「杉の森こそが、実はこの神殿なのである」（クローデル）

> 杉の森こそが、実はこの神殿なのである。（クローデル）41)

という詩の一文に凝縮される。
　クローデルはこの森、つまり日光の山全体を一つの神殿とみなした。これが、詩の題名「森の中」であり、聖性を得る

●注 41) Claudel, "L' Arche d'or dans la forêt", p.82.
　　 85) Claudel, "L' Arche d'or dans la forêt", p.81.

ための第一のキーワードである。

　そして翌日、「森」という「神殿」の中を参拝する。詩人によればその社殿は、「大いなる神殿の円柱の間に安置された櫃である。86)」「大いなる神殿」とはまさに「森」のことで、森の中に「安置されている」建物を「櫃(ひつ)」とみなしている。「櫃(ひつ)」とは蓋つきの容器のことであるが、クローデルによれば、日本人は海洋民族の子孫で住居は「船室を拡大したもの」であるという。そのイメージから、建物は「杉の海原」に漂着した「櫃(ひつ)」となった。
　しかもフランス語での「櫃(ひつ)」《arche》とは、「ノアの方舟(はこぶね)」に用いられる単語である。つまり西洋人は《arche》という単語から、大洪水の際ノアが神の恩恵を得て作製し、家族と一つがいずつの動物たちとを乗せて難を避けたという「方舟(はこぶね)」を思い出す。荒々しい「森」という海原に、ぷかぷかと浮かぶ「聖なる方舟(はこぶね)」である。これが、散文詩の二つ目のキーワードである。

「森」に浮かぶ「方舟(はこぶね)」

　しかも題名において、その「櫃(ひつ)」は、「黄金の」という形容を得る。家康が神へ変貌するために、「櫃(ひつ)」の外も内も輝く「金色」でなくてはならない。これが三つ目のキーワードである。

　まず建物の外側を見る。

　　これらの宮殿（複数形）はすべて金色の中から立ち現れる。陽の光をいっぱい受けた屋根や正面は、稜線がキラキラ輝いているし、建物の側壁面になると、影に入って、金色は一面にひろく輝きだす。
　　（クローデル）86)

あらゆる宮が、あるいは、全体のイメージとしての宮が、金色の中から立ち現れる。たとえば本書62頁でみたように、御本社を囲む透き塀は、「花狭間(はなはざま)」の格子が金箔押しで、歩くにつれて朱が見え隠れして、金色と共にまばゆく輝く。まさに、「一面ひろく輝きだす。」
　次にお宮の内部についてである。

　　建物の内部は箱の六つの壁がやはり同様に、秘宝の輝きに、すなわち、不変の鏡（複数形）に映し出される不在の炎に、彩られているのだ。
　　（クローデル）87)

ここで詩のクライマックスを迎えた。内部空間では、つまり前後上下左右の「六

つの壁」が、「秘宝の輝き」で彩られている。それも、具体的な宝の色彩や金色によってではなく、神聖な幾つもの玉鏡に反射している「不在の炎」、すなわち現実の金色を離れたあの世からの炎の輝きによって、この「櫃」の最奥部は彩られているのである。

すなわち「櫃」は、外側も内側も金色に輝き、この金色の力で「鏡」は現実を超えた「不在の炎」を映し出す。そして「不在の炎」の輝きを得ることによって、家康は人から神へと昇華する。クローデルはその瞬間を想う。

しかし日光山の金色の力をこれほど理解し、徳川の意図を酌むことが出来たのが、外国人クローデルであることに驚くほかない。

私たちも、いま一度、「杉の森こそが、実はこの神殿なのである。」という文を胸に、「森」という神殿の中を歩いてみよう。杉の大海にぷかぷかと浮かぶ、いくつかの方舟、「櫃」を訪ね、「金色」の魔術と「不在の炎」を発見しよう。

東照宮あるいは日光山全体が、大きな聖地として改めて私たちの眼前に洋々と広がるはずである。

「森」の中の「櫃」が光り「輝きだす」

●注 86) Claudel, "L'Arche d'or dans la forêt", p.83.
　　87) Claudel, "L'Arche d'or dans la forêt", p.84.　88) モース、66頁.

維持管理に目を見張る

　科学者モースは、素晴らしい仕事に「われわれは息もつかず、ただ、びっくりして立ちすくんでしまうばかりである[88]」と脱帽した後に、維持について感心している。

> この仕事の多くは300年近くの昔に始められ、各種の建築物は250年前までくらいの間に建て増しされたのであるが、それにもかかわらず、一向に古ぼけていないのを見ると、これらの神聖な記念物を、いかに大切にしてきたかが分かる。（モース）[88]

　ロチも同様に、眼を配り、見届けている。

> この神社は300年を経ている。そしてそれは細心の注意をもって保存されている。その金でいの一つといえども、色あせるにまかせてあるようなものはない。数千の花々の花びら一つ、無数の人体像の手一つ、数知れぬ怪獣の爪一つさえ、欠けてはいない。（ロチ）[49]

　細部に至るまで、色あせることなく何一つ欠けずに、300年の時を経ているのである。これは、讃嘆に値すると驚いていた。

　東照宮は当時も、創建から300年の時を経て修理がおこなわれ、営々と保持されつづけている。江戸時代の東照宮の修復の間隔は、伊勢の式年遷宮の考えもあって、およそ20年前後であったし、その対象は主に彩色漆塗等の装飾の更新であった。しかも修理の仕様を詳細に記録した『御宮結構書』や、修理の積算基準を示す『社寺本途帳』を編纂していた。このように保存修理をマニュアル化しているのは当時、世界にも例がないという。

> 外国訪問者たちは、ひとわたりの見学を終えたようである。見学では圧倒され続けて、ロチの言葉を借りれば、「長い恍惚状態が続いたようなもので、疲れ果て[82]」宿に帰ってゆく。それでは、彼らの宿泊先はどこであろうか。お供をさせていただこう。

●注　49)ロチ、147頁。　82)ロチ、157頁。　88)モース、66頁。

第7章 滞在先

滞在先へ帰り、ほっと寛ぐ

第7章　滞在先

　明治の初め、外国人の宿泊受け入れが可能だったのは、輪王寺（満願寺）とその塔頭、村の役職者の宿屋、さらに、順に開業する西洋人向けホテルである。現在も残っている場所を中心に、順に見てみよう。

輪王寺　～本坊と塔頭～

　輪王寺（満願寺）は、修験者や参詣者だけを自坊に迎えたのではない。明治期、神仏分離の荒波のときにも、外国の賓客と客人を迎えている。その厚意のおかげで、日光全体が復活への道を歩み始める。

　日光への外国人宿泊客の第一号が投じたのが、そもそも、本坊であった。英国公使ハリー・パークス夫妻一行であり、それは、明治3（1870）年の5月のことであった。【社家御番所日記】によれば、総勢44名を数え、士官の中には、のちに日本研究家となるアストンや、旅行記を著したミットフォードも含まれた。

　しかしこの本坊は不運に遭遇した。

輪王寺 逍遥園：写真右の建物は、昭和60年まで存在した「東本坊」の一部（紫雲閣）。東本坊は明治天皇、グラント元大統領をはじめ、賓客をお迎えした。

第 7 章　滞在先

> 本坊、つまりミカドの代理（例幣使）が日光滞在中使用した家だが、これは、1871 年（明治 4 年）に焼失した。東照宮に参拝に来る大名の寺院も、政令で破壊された。（サトウ）[89]

すなわち、本坊はパークス訪問の翌年、明治 4（1871）年に全焼している。ゆえにパークスらは、旧本坊が迎えた最後の賓客となった。

しかし幸い本坊（のちに東本坊）は明治 7（1874）年に新築され、明治 9（1876）年 6 月には天皇ご巡幸の栄えある行在所となった。天皇は、大谷川に架かる神橋を乗馬で渡り、午後 4 時過ぎにお着きになった。御座所は十畳の書院で、新築間もないので、清新の気に充ちていたといわれる。

ご巡幸と同じくらいの栄誉を受けたのが、明治 12（1879）年 7 月のグラント元米国大統領一行の本坊滞在である。国賓待遇での来晃で、伊藤博文との会談が行われるかと思えば、町民たちの手厚いもてなしも受けた。

同道したジョン・ラッセル・ヤングの言葉によれば、「日光で過ごしたときほど楽しいものはなかった[90]」とのことで、別れのときは、「寺僧たちは町はずれまでわれわれに同行したので、グラント将軍はその親切に対して礼を述べた。[90]」

このように輪王寺（満願寺）において、まずは本坊が賓客を迎えたが、それに加えて、一山の支院も外国人受け入れに貢献した。江戸時代、日光山は、二十院八十坊といわれた一山組織によって運営されていた。二十院の中から、器量に応じて、東照宮別当、大猷院別当など、各堂社の責任者が任命されていたのである。しかし、神仏分離の後、社僧は東照宮への勤務を中止し、満願寺一箇所に併合された。十五支院として復興するのは、明治 15（1882）年である。その間、支院は自坊を外国からの客人に貸し出す事を始めた。これが外国人に好評であった。

サトウの最初の案内書『日光ガイドブック』では、本坊の焼失や宿としての鈴木のことは書かれているが、支院には言及していない。しかし、明治 17（1884）年発行の『中部北部日本旅行案内』では、「夏の間、貸家を家康霊廟の近くにある、以下の寺院で借りることが出来る。南照院、護光院、光樹院、浄土院、照尊院。[91]」とある。

南照院には、明治 19（1886）年夏、御雇外国人で東京帝国大学のフェノロサとボストン出身の医師ビゲローが滞在した。彼らは、日本美術愛好家として、既に収集を始め、のちにボストン美術館の東洋コレ

●注 89) Satow, p.5.　90) ジョン・ラッセル・ヤング著、宮永孝訳『グラント将軍日本訪問記』（雄松堂出版、『新異国叢書』第Ⅱ輯第 9 巻　昭和 58 年）128 頁。　91) Ernest Satow, *Handbook for Travellers in Central and Northern Japan*, 1884, p.441. 本書は井戸桂子訳。以下 *Handbook* と略す。

禅智院の滝（ラファージはこの滝を油彩で描いた）
（1991年撮影）

クションの基礎を築いた人々である。

　そしてフェノロサとビゲローは、折から日本旅行にやって来た客人、アダムズとラファージを日光への避暑に誘った。滞在先は、南照院の隣にある禅智院である。

　禅智院は1278年鎌倉中期の建立で、明治19（1886）年当時は28世の鈴木静海和尚が住職であった。アダムズとラファージに新築の二階家を提供し、茶の湯に招くなど親身に世話をしてくれた。ラファージは別れる際、彼にその肖像画を贈ったし、厳しい人物評をするアダムズも、この生活を気にいった。

　現在も禅智院の御庭には滝が清らかな水音を立てる。ここで、二人は聖なる山の空気を吸い、フェノロサ夫人の手料理のもてなしを受け、東京での疲労を回復させることができた。

　浄土院は、サトウの『日光ガイドブック』にすでに紹介されている。のちに、公使として再赴任したサトウは、この浄土院を、日本での妻の子供である武田栄太郎、武田久吉兄弟のために借り、自分も時折

禅智院（アダムズとラファージ滞在）

南照院（フェノロサとビゲローが滞在）

浄土院（サトウと縁が深い）

訪ねていた。
　このように輪王寺の本坊と支院は、宿泊施設がまだ整わないこの明治の前半期、国際交流に大いに貢献した。そうした地道な事実があったからこそ、次の宿泊施設の確保と外国人向けホテルの建設ラッシュへつながったのである。

鈴木ホテル　日光ホテル

　村内の方でも宿の提供が次第に増加していく。
　サトウの最初のガイドブックは、明治4（1871）年開業の鈴木を紹介した。

> 　鉢石には登りの長い一本道があり、その奥の方の右手に、村長と称してよいであろう、スズキ・キソキロー（鈴木喜惣治）の家がある。家は清潔で立地が良い。二階には三室あり、眺めは気持ちよく、また風通しも良い。口うるさいお客も満足するだろう。（サトウ）[89]

鈴木ホテル（長崎大学附属図書館所蔵）

●注　89) Satow, p.5.

実際、サトウは明治5（1872）年、初めて訪問した際は鈴木方に泊まる。ちなみにサトウは調査研究の命を受けているので、村の代表格の鈴木から見せてもらった『日光山志』という五冊本の地誌を調べ細々とノートに記した。この地誌情報はサトウのガイドブック執筆の参考文献となったので、鈴木からは恩義を受けたと言えよう。

また鈴木を利用して東照宮を見学した客も多いようで、東照宮の【社家御番所日記】にも、異人を連れて来たとして、この「鈴木」や次に述べる「金谷」の名前が頻繁に登場している。

鈴木はサトウの次の明治17（1884）年発行の旅行案内では、もっと賞讃されている。

> 日光の鉢石では、鈴木ホテルが旅行者には最も快適であろう。オーナーはヨーロッパ人客の希望に対し、特に気を遣い応えている。家は清潔で風通しがよいし、二階は眺めがよい。（サトウ）[91]

西洋人の客の希望とは、料理、清潔さ、眺め等を指すのであろうが、サトウが鈴木に信頼を寄せているのがよくわかる。続けて、「小西屋がまずまずで、寺院に近い[91]」と紹介する。金谷については、

> 川を渡ってから、そして寺院を過ぎてから、鈴木ホテルよりも半マイル（約800メートル）ほど奥の入町に、金谷善一郎の心地よい家がある。コックを連れた旅行客はここで宿泊が出来る。しかし、料理は提供されない。（サトウ）[91]

と、紹介する。当時の西洋人の旅ではコック連れが多かったことを示す。

ところで、明治20年代になると、西洋人を意識したホテルが相次いで建設された。

日光ホテルが明治21（1888）年に金谷の近くに開業し、鈴木の客がこちらに移り、さらに新井ホテルが明治25（1892）年に日光ホテルに隣接して開業する。日光ホテルは明治24（1891）年のロシアのニコライ皇太子来日の際、もし襲撃事件が起きなければ来臨の予定であったし、明治26（1893）年、オーストリアのフェルディナンド皇太子は実際に二泊した。

しかし、隣接するホテル同士の経営の難しさを象徴するように、明治30（1897）年、新井ホテルは日光ホテルを買収し、ただし、名称は日光ホテルとして営業した。

この新井ホテルを、ベルギー公使夫人のメアリー・ダヌタンは利用していた。

例えば日記によれば、

> サー・アーネスト・サトウが日光の新井ホテルに現れた。彼は私たちより一時間早く中禅寺に向けて出発した。私たちもそこで夏を過ごすために出かけようとしている。（ダヌタン　明治29（1896）年7月1日）[92]

新井ホテルのロビーでの外国人の賑わいが、想像される文章である。

本格的な良いホテルであったが、しかし、大正15 (1926) 年に火災により焼失し、営業を終えた。

このようなホテル戦争の中、金谷も対策を練り、明治26 (1893) 年、現在の地に開業した。翌27 (1894) 年の9月、ベルギー公使ダヌタン夫妻が早速、逗留した。東照宮の社務日誌には9月8日に「公使参拝之趣、金谷ホテルより申越」と記されている。どうやら、ダヌタン夫妻は、新井も金谷も利用した模様である。

ところで今日も営業を続けるのは、鈴木・金谷・日光ホテル・新井ホテルのなかで、金谷だけである。金谷に泊まった外国人の声を次に拾いたい。

金谷カッテージ・イン、そして金谷ホテルへ

明治4 (1871) 年、英国宣教師のヘボン博士が日光で泊まる場所を探していたとき、東照宮の楽人をしていた金谷善一郎が自宅に招いたのが、金谷カッテージ・インのきっかけと言われている。

金谷カッテージ・イン（金谷侍屋敷として2015年公開予定）

●注 6) バード、144頁。　91) *Handbook* p.441.　92) ダヌタン、117頁。　94) バード、145〜146頁。

明治11（1878）年に宿泊したバードの感想を拾ってみよう。まず金谷善一郎である。紹介状を見た当主は急いで、大谷川（だいやがわ）を渡ったところにバードを迎えに出た。

> とても快活で愛想のよさそうな人だった。地面に頭を着けんばかりに深々と垂れて挨拶した。（バード）93)

案内された家も庭も、心地よい。

> 家の内にあるもの、外にあるものすべてが、目を楽しませてくれる。（…）上手に設（しつら）えられた庭では牡丹や菖蒲（あやめ）、躑躅（つつじ）が満開でとても鮮やかである。（バード）6)

もてなしてくれる家族について、イギリスの教養あるレディの目から見てもすばらしい、と褒める。

> とてもしとやかで上品な顔立ちの金谷の妹が玄関で私を迎え、靴をぬがせてくれた。（…）金谷は神社で雅楽の令人を率いている。（…）家には母親と妹が同居しているが、母親は尊敬に値する老婦人であり、妹はとてもしとやかで上品である。これほどの日本の女性には一度しかあったことがない。（バード）94)

部屋の造作にも満足する。

> 二つある縁側は実によく磨き立てられ、玄関と部屋に通じる階段も同様で、畳も実にきめが細かく、（新しくて）白っぽいので、靴下をはいていることもはばかれる。（…）床の間には（…）掛物といわれれる壁絵（掛け絵）がかかっている。満開の桜の花の小枝を白絹に描いたもので、一級の芸術品であり、このおかげで部屋全体がすがすがしさと美しさに満ちている。（バード）94)

このようにバードは日本家屋の長所と芸術を理解した。

通訳の伊藤は食糧の調達をした。鶏と鱒は時々、卵はいつでも手に入るとのことで、バードは安心した。

こうして始まった「日光のわが家 6)」での滞在をバードは気にいった。客人のもてなしにつながる心温まる交流を、逗留中に味わった。それは、バードにとって、日本の奥地に行く前の「安楽」と「贅沢 95)」の貴重な時間であった。

ゆえに、後年、夫の死後ビショップ未亡人として踏査旅行を再開し中国と朝鮮という「奥地」に行く前後に、日本に立ち寄り、金谷ホテルに滞在したのも、当然であった。

金谷は、新井ホテルと日光ホテルの吸収合併などの動きに対応すべく、明治26（1893）年、現在の地に金谷ホテルとして開業した。先にも述べたが、新井

第 7 章　滞在先

バードはミセスビショップとしてサイン。エジンバラ在住、とある（所蔵 金谷ホテル株式会社）

一行目　ポール・クローデルのサイン
1923年5月25日、午後4時20分チェックイン。東京在住、フランス人、とある（所蔵 金谷ホテル株式会社）

●注　6）バード、144頁。　　93）バード、143頁。　　94）バード、145〜146頁。　　95）バード、189頁。

ホテルが大正年間で経営を終えると、金谷ホテルが唯一の外国人向けホテルとして、多くの利用者を迎えた。

その中にはクローデルがいる。大使時代の大正末の滞在時の彼のサインが、幸いゲストブックに残っている。令嬢と一緒だったり、本国からの客人を伴ったり、彼の几帳面な文字は、このホテルの歴史のページに刻まれている。

さらに、詩人としての彼の一面をよく示しているのが、クローデルの詩の下書きが、ホテルの便せんに記されていることである。下書きの詩句は、そのあと、『百扇帖』という詩集になって、大使の離日直前に刊行された。この『百扇帖』は、俳句のようなフランス語の短詩が、クローデルのフランス語自筆と、有島生馬の書による二字の漢字により一編となり、合わせて172編ある経本仕立ての美本である。金谷ホテルの便せんに記された詩は何編かあるが、ここでは2編紹介したい。

> 「山　雷」（有島生馬の書）
> 黒々と墨流せるごとき
> 山々の稜線のうしろ
> 暗き雷鳴　とどろき止まず
> （クローデルのフランス語の自筆）[96]

「墨を流したような山々の稜線」（クローデル）

第7章　滞在先

　これは、前章（96頁）でも触れたが、初めて宇都宮からの日光に向かう車窓で目にした、日光の厳しい自然の印象に基づく。もちろん日光を歩いていても、空が突然かき曇り、雷鳴がとどろく光景にはしばしば遭遇する。墨のように暗い山々には、自然の神と霊廟の神が宿り、とどろきは止まない。雷神の姿は、大猷院でも強烈な存在感を放つ。

　もう一つ、願を掛けられた地蔵尊のことを、ユーモラスにうたった詩がある。

> 「石　佛」（有島生馬の書）
> 地蔵尊　そのお頭の上　小石二つを載せるがいい
> おそらくは身じろぎできなく　おなりだろう
> （クローデルのフランス語自筆）[97]

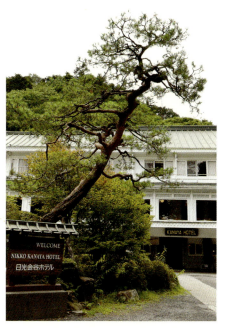

クローデルはホテルの便せんに詩を書いた

　含満が淵だけでなく、中禅寺の散歩道でも、クローデルはお地蔵さまの姿に、心を寄せていた。日本の人々は何らかの願をかけるために、地蔵尊の頭の上に釣り合いを取りながら小石を載せていく。
　クローデルはこの情景を好ましく思うとともに、小石がうず高く積み重ねられていく中、慈悲深い地蔵尊が身じろき出来なくなる様子を、地蔵尊の立場も含めて少しおどけた調子でうたった。

　ところで日光市内に複数の外国人向けのホテルが整ったということは、それだけ混雑するということである。明治初期のモースやギメ、あるいはロチやラファージらは、日光市内の見学が中心であったが、少し時を経て明治後半に来た外国人、特に在京の外交官たちは、中禅寺坂を登って、上を目指している。私たちも、ついていこう。

●注 96) Paul Claudel, *CENT PHRASES POUR EVENTAILS, Œuvre poétique* , (Gallimard, 1967), p.711. 以下、『百扇帖』からの短詩は、Claudel, *CENT PHRASES POUR EVENTAILS* と略す。山内義雄、栗村道夫、芳賀徹の各氏の訳を参考にした。97) Claudel, *CENT PHRASES POUR EVENTAILS*, p.712.

碧い眼に映った日光

金谷ホテルのゲストブック

　金谷ホテルには、明治の時代からのゲストブックがいまも大切に所蔵されている。傷つけないように、そうっとページを開く。その頁に書かれた名前が、全員、横文字である。ペン字で署名と出身地が書きこまれている。つまり、外国からの客人である。

　欧米から海路、波頭をこえて横浜を経由し、帝都東京で観光や仕事をこなし、宇都宮を過ぎ、杉並木を抜けて、聖山日光にたどりついて、このホテルでチェックインした。そのサインからは彼らの、ホッとする気持ちが伝わってくる。クローデルの几帳面な書体をご紹介したい。

　さらに金谷ホテルご所蔵の写真から、ある年の大晦日のパーティでの記念写真と、新年のスケートリンクでの記念写真をご紹介させていただく。いずれも大正から昭和の初めに撮影された。

皮の背表紙

クローデルのサイン。他に、イギリス・スペイン・中国からのお客様
（所蔵 金谷ホテル株式会社）

第 7 章　滞在先

上：現在の金谷ホテル
　　（クリスマスの飾りつけ）

右：大晦日仮装パーティー
　　全員集合
　　（所蔵 金谷ホテル株式会社）

下：新年 1 月 4 日のホテル
　　スケートリンクにて
　　（所蔵 金谷ホテル株式会社）

この碧い湖の魅力にひきつけられ、険しい坂をのぼる

第8章 中禅寺坂

「つづら折りの坂」は、いま「第一いろは坂」に

第8章　中禅寺坂

そもそも……

　勝道上人はなぜ二荒山（男体山）の登頂を目指したのか？それは、荒れる山を治めるためである。治山治水が必要な山だから登頂し、神に安寧を願った。

　すなわち、日光はそもそもその起こりからして、川の氾濫や坂の険しさと同居していた。修験道の山となったのも、修行に相応しい困難さを有していたからである。

　その山や坂道を、避暑や観光のために登ろうというのであるから、明治期、外国人や、また彼らの要望にこたえようとする日本側が苦労したのも、当然と言えば当然である。

今も停留所に残る「馬返」

　その象徴が、中禅寺坂である。つづら折りの新道を作り、道幅も徐々に拡張されたが、自動車が通れるようになるのは、大正の末まで待たねばならなかった。「いろは坂」という名称がつくのは、昭和に入ってからである。

　明治の初め、未だ整備されていない坂を、先駆者のサトウ、モースがどのように登ったか。バードやアダムズは、どうしたか。さらに明治後半、別荘に行くために何度も往復したサトウやダヌタン夫妻たちのときは、少しは登りやすくなったのか。彼らの証言を聞いてみたい。

徒歩と駕籠で
～「絶壁に沿った、なかなか登れない坂道」～

　初めての外国人、パークス英国公使一行は、日光市内の見学だけで東京に引き返した。しかし、次のサトウは東照宮見学の前の日に、坂を徒歩で登り中禅寺湖を眺めている。明治5（1872）年早春である。

　『日光ガイドブック』での記述は、スリル満点である。

　マガエシ（馬を返す）という部落の名付けは、たしかに適切だ。という

> のは、この地点から道はぐっと困難になる。古い道が、山の切り立った絶壁に沿って、それも石だらけでとても狭く続いている。景色はいまやずっと野生的になり、荒涼とした峡谷が目の前に口を開ける。道はまるでナイフの背のように狭い尾根へと登り続ける。（サトウ）[98]

いまの第一いろは坂（下り専用）の般若の滝、方等の滝近辺の描写である。

「荒涼とした峡谷が目の前に」（サトウ）

そのあと、「もっとも危険な道でなかなか登れない上りに、出くわす。[98]」さすがのサトウも緊張が隠せない。しかし、馬返しから一時間半じっと頑張れば、あとは、残雪がたっぷりと覆っている森の中を抜け、20分で湖に到着である。アルプス登山経験者のサトウも、ほっとした。

次に明治10（1877）年6月、モースが生物採集も兼ねて上った。

モースは駕籠を一挺やとい、あとは衣類・食料から昆虫網・柄杓・採集瓶などまで、架掛（しょいこ）に積んで運んでもらい、召使も二人連れ、縦隊を組んで進んだ。サトウよりだいぶ大がかりである。休憩所を過ぎると、にわかに、坂が急峻となった。

> 道路はせまくなり、奔流する山の小川に出くわした。水は清澄で青く、岩は重なり合い、坂は急こう配に、景色は驚くべきものとなった。山々は高く険しく、水量は普通見られるものよりも遥かに多く、山間の渓流と言うよりも事実、山の河川であった。
> 狭い小道は大きな岩と岩との間を抜けたり、岩に沿って廻ったり、小さな仮橋で数回、川を越したりしている。（モース）[99]

渓流が「河川のようだ」という観察は、日光の山では水量がいかに多いかということを証言している。

また、駕籠についてはモース自身、「人に運ばれるのは登山らしくない」し、「長い脚が邪魔で、窮屈だ」と言って、同行

●注 98) Satow, p.32. 99) モース、74頁。

の仲間に譲る。徒歩で進むので、科学者モースは坂の途中でも、生物の観察と採集に余念がない。

> ある場所で腐った木の一片をひっくり返してみたら、きせる貝に似て巻き方が反対な、実に美しい陸貝があった。（私はこの「種」の形をフランスの雑誌で見た覚えがある。）またきわめて美しい蝶が飛んでいて、私はその若干を捉えた。（…）[100]
> こうして、長い、つらい、しかし、素晴らしい徒歩旅行を終えて、我々は中禅寺湖のほとりについた。（モース）[101]

この「長い、つらい、しかし、素晴らしい徒歩旅行」とは、好奇心旺盛なモースらしい感想である。

「駄馬で実験的に」「垂直に近い道を」
～バードとアダムズ～

翌明治11（1878）年には、バードが登攀（とうはん）した。それも、馬で行くことを「実験的にしてみた。[102]」
鞍（くら）に荷物を乗せ、上から布団で覆ったので、だいぶ高くなる。そこにバードがまたがり、脚は馬の首にかける。馬がつまずきさえしなければ、平坦地だとうまくいくが、「上り坂を進む時はひどく背骨にこたえるし、下り坂だとがまんできなくなる。」結局「駄馬の首から泥のくぼみに思わず滑り降りてしまった時には、ほっとしたほど[103]」であった。

というわけで、馬返しを過ぎても、徒歩で行ったり、馬にも乗ったりしながら、上へ登った。

> 曲がりくねったでこぼこ道を2マイル（3.2キロ）歩いて進んだ。道沿いの河谷（かこく）には、増水により広い川床いっぱいに激流が走る。（…）ほとばしる川にはあちこちに橋が架かっていた。橋脚で支えられた橋は小枝と土を混ぜ合わせたものでざっと覆っただけだった。（バード）[103]

つづら折り（幾重にも曲りくねった坂路）の中禅寺坂は、48か所のカーブがあることから、昭和に入って「いろは坂」と呼ばれるようになった

激流に架かる橋は、まことに心細い出来である。これではいつ流されても不思議ではない。
　「川と道は山を迂回する[103]」が、坂の終盤になると、階段が集中する。

> 荷車の通れない馬道が急こう配の山腹をジグザグに上っていった。上りやすくするために丸太で作った長い階段が幾つも設けられていた。（バード）[104]

　「丸太」をつけて「階段」を作り、多少整備されたことが分かる。「ジグザグ」になっているので、後のつづら折りの新しい坂道と同じ設計である。
　しかし、まだまだ荷車が通れない、狭い馬道である。馬は階段を嫌うので「その脇の部分を上っていく。そのために深さが１フィート（30センチ）以上もあるような泥の窪みが連なっていた。[104]」なかなか、坂道の施行者と利用者の思惑通りには、行かないようである。馬は階段わきを通るので窪みが出来ると、そこが、また、洪水のときの川になってしまう。とはいえ、

> 木々の間からの眺めはますますすばらしくなっていった。そして高度3000フィート（915メートル）まで上りつめると、そこに美しい中禅寺湖が男体山の麓に眠るように広がっていた。（バード）[104]

　バードは美しい湖のあと、湯元に進む。

　明治19（1886）年にも、馬を連ねて坂を上り、バードと同じく湯元まで遠足をしたグループがある。アダムズである。
　もとよりアメリカ東部ニューイングランドの教育には、野山をめぐって健康を維持するという項目があった。そのためこの小柄の英才は、ワシントンに暮らすときも避暑地でも、毎日のように馬に乗ったものだった。
　というわけで日光でも、山中への乗馬を試みた。もっとも、「鼠のように小さな駄馬[105]」つまり、日本種の馬しか見つけられなかったが、山を運動の場と心得た。
　８月の中旬、５頭の「荷馬」すなわち例の「鼠」が用意され、初めの４頭に、「フェノロサ夫人、ビゲロー、私（アダムズ）、それに鞄を抱えた召使が一人、それぞれまたがる。[105]」最後の一頭には、布団・シーツ・食器・食糧などを満載した。スケッチに忙しいラファージと体調のすぐれないフェノロサは同道しなかった。
　「鼠」の口を取るのは、女性である。というわけで、女性に引かれた「鼠」たちが西洋人とその大荷物を載せて、「えっちらおっちら、歩く[105]」こととなった。馬を駆っての颯爽とした乗馬行とはほど遠い。しかし、旅行そのものは楽しい。
　朝の８時半に禅智院を出発し、10時半に中禅寺峠のふもとに到着する。そこ

●注　100) モース、76頁。　101) モース、77頁。　102) バード、160頁。　103) バード、162頁。
　　　104) バード、163頁。　105) Adams to John Hay, 22 August, 1886, *Letters*, pp.31-34.

から「ほとんど垂直に近い道を登る。鼠よりも自分の足に頼ることにして、歩いて登った。[105]」

「ほとんど垂直に近い道」(アダムズ)

「1時間ほど[105]」のぼると、中禅寺湖に出る。中禅寺参拝のあと、フェノロサ夫人は昼食を準備し、その間、ビゲローとアダムズは中禅寺湖でひと泳ぎした。

明治の中頃に、馬を5頭つらねて、楽しく元気に中禅寺坂を登った一行の姿が目に浮かぶ。つづら折りの新道が作られたのは明治20年代に入ってのことなので、古い道の最後の報告ともいえる。たとえ険しい道でも仲間と行けば、その登攀が楽しかったことが読み取れて、私たちも嬉しくなる。

時に人力車で快適に、時に奔流の川床と化した道を歩き
～ダヌタン夫人の日記から～

新道が開かれて少しは幅が広くなって、人力車も通るようになった明治20年代の末、いよいよ、中禅寺湖に向かう外国人が増え始めた。別荘を持つ外国人にとって、あるいは、明治27(1894)年にオープンしたレーキサイド・ホテルの宿泊客にとって、この坂はどうしても登らなければならない坂であった。

ここでは、別荘生活の中心人物、メアリー・ダヌタン夫人の日記から、坂の様子を聞いてみよう。女性らしい細やかさで、自分の登攀だけでなく、夫アルベールや友人サトウ英国公使の坂の上り下りを、大変心配しているのである。

ダヌタン夫人は、明治27(1894)年の8月末、初めて来晃し、8月28日に、すでに親交のあった英国法律家カークウッドの別荘に招かれて、中禅寺に日帰りで出かけた。(中禅寺湖一帯のことをchuzenjiと当時、外国人は呼んでいた。)

アルベール(夫)と一緒に中禅寺に向けて9時に出発する。申し分のない天気で急流の縁に沿って人力車で山に登って行く旅は全くすばらしかった。途中の茶屋のほとんどに立ち寄って、短い休みを取りながら、3時間半かかっ

> て山を登り、1時少し前に、カークウッドの日本式の家に着いた。(ダヌタン)8)

この文章から、夫妻が人力車を使って、新道を進んだことが分かる。茶屋で休んで、人力車で、3時間半の行程となる。

帰途は午後なので、一部霧がかかったところもあったが、到着した「夕暮れの景色はこれまでよりも一層美しく印象的だった。106)」と、順調な旅であった。ただし、「スプリングのない人力車の揺れのせいでかなり疲れを覚えた。」106)
とのこと。

この新道についての印象は、「毎年必ず嵐で壊されるという道は、聞かされていたほどの悪路ではなかった。106)」とのこと。
外国人の間で、あの坂道はかなり大変だという評判が立っていた。それで心配したが思ったほどでなく、順調に帰還でき、景色が一層美しく見えたという。

翌28（1895）年の10月21日、メアリーは、友人たちと紅葉を訪ねて中禅寺にいった。9時半の出発で、

> 徒歩で行く者あり、馬に乗る者あり、椅子駕籠（かご）に乗る者あり、担架のような普通の駕籠に乗る者ありで、さまざまだった。私は駕籠を選んだが、西洋人の長い脚にはひどく窮屈だと言うことが分かったので、私は大部分自分の足で歩いた。(ダヌタン)107)

いかにも賑やかな、西洋人ご一行である。幸い、おだやかな好天に恵まれ、

> 生まれてこのかた、これほど華やかな秋の紅葉を私は一度も見たことがなかった。山のどの斜面も全体が、深紅色、朱色、洋紅色、緋色、明るい黄色など色とりどりに鮮やかに彩られ、ところどころに杉の濃い緑とほかの様々な木のより明るい緑が入り交じっていた。(ダヌタン)107)

山の斜面の華やかな紅葉に、ダヌタン夫人は感動した

●注 8) ダヌタン、64頁。　106) ダヌタン、65頁。　107) ダヌタン、97頁。　108) ダヌタン、160頁。

現在も紅葉で有名ないろは坂を、メアリーは110年以上前に徒歩と駕籠で登り、生まれて初めての感動を味わった。その喜びがこちらにも伝わってくる。

しかし、登攀はいつも楽とは限らない。雨の後は、悪路となる。
明治32（1899）年7月15日、快適な朝、8時に出発したところ、

> 中禅寺に通じる山道を登る。道は今までにないほど、悪かった。それは文字通りの泥沼で、人力車が通ることはほとんど不可能だった。私は椅子駕籠に乗るよりも自分の足で歩いた方が安全だと思ったので、大部分を歩いて登った。（ダヌタン）[108]

天気は良くても、雨が降ったあとは、この通りの泥沼になってしまう。「その登りは決して楽しい山歩きと言えるようなものではなかった。[108]」
しかしこの程度なら、まだよい方で、雨の中を行き来するときは、次のようになる。明治31（1898）年9月3日、別荘から東京に向かう夫を身支度させ、見送った。

> 土砂降りのひどい天気にもかかわらず、アルベールは東京に行かなければならない。どんな防水布よりも遥かに雨よけの役に立つ油紙ですっかり体を覆って、彼は6時半に出発して峠を下った。11時半に彼から来た電報によると、峠は無事下ったが、道路は滑りやすく危険だったとのことである。（ダヌタン）[109]

妻メアリーは電報を受け取って、どんなに安堵したことであろう。110年前、ベルギー公使は油紙で身をくるみ、滑らないように気をつけ徒歩で日光まで降り、東京に仕事に戻ったのである。

台風の際はもっとひどい。ことに明治29（1896）年の9月は日光も東京も荒れた。中禅寺湖の水が一部あふれ出したとき、メアリーは一人別荘に残っていた。心配したサトウやアルベールが鉄道寸断の東京からやって来た。明治29（1896）年9月13日、ここの坂の状況は

> 中禅寺まで登る道は大部分流出していたので、彼ら（夫とサトウ）が家まで辿りつくには苦労して崖をよじ登らなければならなかった。あるときは道なき山をよじ登り、あるときは旧道沿いに歩いて、橋が流されてしまった後に仮に渡した狭い横板の上を歩いて急流を渡ってやってきたのだ。（ダヌタン）[110]

孤立状態のメアリーを救助しにサトウが姿を現した時は、メアリーもびっくりしたし、夫と召使も続けてくるという嬉しい知らせに、もっと驚いた。
　一週間後の9月20日、みんなで日光に戻るときでも、まだ坂の道は危険がいっぱいだった。

第8章　中禅寺坂

> 私は峠の坂道を全部歩いて下った。道のかなりの部分は完全に洗い流されて、今や奔流の川床と化していた。やっとよじ登れるようなひどい場所が数か所あり、山越えの狭い仮の道を這うようにして歩かなければならないこともあった。(ダヌタン)[111]

坂の途中で頂きを臨む
坂を登れば、あの湖が待っている

今日でも、坂の通行止めはあるが、この当時、いかに道や橋が流されやすかったか。まるでレポーターの実況中継のような、迫力の文章ではないか。「道は奔流の川床と化している」なか、ロングスカートの公使夫人は、「這うようにして歩いて下りる」のである。

こうした危険な往復も、すべて、次章に紹介するような、素晴らしい中禅寺の別荘生活のためだった。逆に言うと、それほど峠の上の生活が良かったからこそ、このくらいの手間はいとわなかったのである。

●注　108) ダヌタン、160頁。　109) ダヌタン、152頁。　110) ダヌタン、126頁。　111) ダヌタン、127頁。

険しい中禅寺坂
徒歩から人力車、そして自動車で

　現在、日光には国交省の砂防事務所があり、「砂防なくして、日光なし」と、災害予防に取り組んでいる。これは日光の地形（急な川の流れと地質のもろさなど）と天候（降雨量・積雪量の多さに加え、雨量強度も大きく集中豪雨になる）のためであるが、古代、それを治めようとしたのが、勝道上人であった。

　その勝道上人でさえ、いまの山内から男体山を制覇するのに、15年かかった。その足跡を慕う修行者たちが開拓していったのが、上人ゆかりの四本龍寺と湖畔の中禅寺を結ぶ「中禅寺道」である。

　「中禅寺道」後半、馬返しから湖畔までの急こう配の「中禅寺坂」こそ、外国人たちの間でも悪路で評判になっていた「峠」である。

　旧道は、岩場が滑り、河川の氾濫や鉄砲水が頻繁に発生した。サトウは、雪道を歩いて登った。バードとアダムズも、馬と歩きで行った。

　明治20年代前半、「つづら折り」といって幾重にも曲がりくねった新道が開かれ、人力車が通れる幅となった。ダヌタン夫妻や公使のサトウはこれを登ったが、大雨で崩れやすいのは、彼らの経験した通りである。皇太子や外国の貴賓の来訪があるとそのたびに、整備された。

　また、大正初めには、坂道のふもとの馬返しまで、日光駅から電気軌道が作られた。もう馬のフンにも悩まされず、快適に一車両40名の乗客を運んだ。

中禅寺道のはじまり、四本龍寺の三重塔

　あとは馬返しから中禅寺までの、念願の自動車の通行である。金谷ホテルの金谷眞一は、大正5（1916）年に日光自動車株式会社を設立し、発売間もない「モデルTフォード」によって山内で賓客を接遇していた。

　大正11（1922）年、イギリス皇太子が来晃の際、金谷ホテルに立ち寄られたことから、金谷眞一は、中禅寺への車道の必要性を強く感じた。同社から県に対し、改良工事に

第 8 章　中禅寺坂

寄付があり、ようやく大正 14（1925）年に、乗合自動車も通ることのできる道幅に拡張された。クローデルの滞在期間の終わりのころに、坂を自動車で登れることになったわけである。

中禅寺道のおわり、中禅寺本堂にある 千手観音菩薩は、勝道上人の作と伝えられる

金谷ホテルの前に T フォード車と外国人客
（所蔵 金谷ホテル株式会社）

大正末になると、車で遠出もできるように
（所蔵 金谷ホテル株式会社）

 「つづら折り」はいま、「ヘアピンカーブ」に

　「つづら折り」は、「葛折」と書き、ツヅラフジののように折れ曲がっていること。「九十九折」と書くこともある。

　明治20年代、新たに坂道をつくるとき、まさに「つづら折り」にして、少し登りやすくした。新道は、いま「ヘアピンカーブ」のつづく「いろは坂」となった。

急なヘアピンカーブがつづく

 「Chuzenji」を目指して

　男体山のふもとの中禅寺湖を目指して、外国人はつづら折りの坂を登った。中禅寺の前にひろがる美しい湖が「中禅寺湖」であり、外国人はこの一帯を「Chuzenji」（「中禅寺」）と呼んだ。

坂を登りながら右手に方等の滝を見て、
男体山を仰ぐ。もうひと頑張り

第9章 中禅寺湖1 湖をめぐって

訪れた外国人全員が感動した

第9章　中禅寺湖1　湖をめぐって

うつくしい湖
～全員が魅了される～

中禅寺坂を登れば、中禅寺湖が待っている。勝道上人が中禅寺を建立して以来、山岳信仰の修験者が訪れる男体山ふもとの湖である。

この湖の美しさに、訪れた外国人全員が感動した。年代順に、簡単に感想を聞こう。

明治5（1872）年3月、
サトウ　日記より

> 絵のようにうつくしい湖で、鬱蒼たる樹木に囲まれた山々がこれを取り囲んでいる。[8]

明治10（1877）年7月の初め
モース　『日本その日その日』より

> この湖水は径2マイル。一方を巡るの

中禅寺坂を登ると、湖が迎えてくれる
往時は湖、中禅寺と中宮祠、そして六軒の茶屋

は 1500 フィート以上の急な山々、北には海抜 8000 フィートの有名な男体山が、湖畔から突如急傾斜をなしてそびえている。湖床は明らかに噴火口であったらしい。[101]

明治 11（1878）年 6 月 22 日、
バード 『日本奥地紀行』より

美しい中禅寺湖が男体山の麓に眠るように広がっていた。向こう岸にある森で覆われた急勾配（きゅうこうばい）の山々の深緑を波一つない湖面に映す湖は、まるで平和の鏡だった。[104]

明治 19（1886）年 8 月
アダムズ　友人あての手紙より

中禅寺湖に到着。聖なる山、男体山ふもとにあり、約 7 マイルにわたって広がるきれいな湖水だ。[105]

明治 27（1894）年 8 月 28 日
ダヌタン　日記より

　明るい静かな湖の周りを、木がうっそうと茂った高い山々が取り囲んでいる景色は、実に美しく平和そのものであった。この日は静かな夏の日で、湖は明るく晴れ渡り、水の色も一層青く見えた。この景色を見ていると、似通った点が多い、イタリアのコモ湖の風景が私の心の中に浮かんできた。[10]

大正 11（1922）年 5 月 3 日から 5 日
クローデル、夏を過ごすための大使館別荘の下見に来て　日記より

森、雪をいただいた山々。お地蔵が目を閉じる、まるで眩しい陽の光のただ中にいるように。[112]

　このように、坂道を登って、林を抜け、突然目の前が開ける。現れた湖を前にして、はっと息をのむ外国人たちの姿が目に見えるようではないか。

　男体山、そのふもとに、周囲の緑が湖面に映るうつくしい青い湖。湖面は平和の鏡のようだという。その湖底を観察する科学者もいれば、お地蔵さまに眼をとめる詩人もいる。

　湖への感動が収まると、訪問客は眼差しを周囲に向け、湖畔の様子を観察する。湖畔の茶屋の様子から、彼らは修験道の聖地という意味に気づくのだった。

●注 8）　萩原延壽『遠い崖　9』（朝日新聞社、2000 年）151 頁。
　　10）　ダヌタン、P64〜65。　　101）モース、77 頁。　　104）バード、163 頁。
　　105）　Adams to John Hay, 22 August, 1886, *Letters*, pp.31-34.
　　112）　Paul Claudel, 3-5 mai, 1922, *Cahier IV, Journal I*, (Gallimard, 1968), p.147. 以下、日記は、Claudel, *Journal* と略す。なお、本書は井戸桂子訳。

修験者と茶屋

サトウは、30センチ以上もある雪の中を登って来たので、まずは、巡礼者向けの休みどころで、「縁側に腰をおろし、陽光で身体をあたためながら、昼食を済ませる。(サトウ)⁸⁾」

そして、『日光ガイドブック』では、夏場だけ修験者と巡礼者のために茶屋が営業すると述べ、また、中禅寺と日光三権現の神社(中宮祠)を紹介している。

男体山
フランス大使館別荘の庭から仰ぐ。「巡礼者が上人の聖なる足跡をたどりに来る」(アダムズ)

バードは二荒山神社奥の宮に言及した後、湖畔の人気のない集落に眼をやり、「もの悲しさ」を感じるが、

> 2、3軒ある茶屋にも人が住んでいる気配はほとんどない。これらの茶屋でさえも、10月には冬に備えて閉じられ、以後は12人の男が5日交替で管理して家を守るのである。ところが、7月ともなれば静かだった集落は参拝に訪れる人で一杯になり、灰汁色(グレー)の粗末な家は人であふれかえる。(バード)¹⁰⁴

湖畔に6軒あった茶屋の閑散時とピーク時の差を指摘する。

明治19(1886)年、アダムズ訪問のときもまだ、数軒の宿しかない。ただアダムズは、歴史学者らしく、勝道上人に関心を持った。

> 湖畔に巡礼の登山道の入り口に勝道上人を祀った寺がある。彼は8世紀、15年の尊い年月を捧げてついに登頂の偉業を達成せられたという。大変登りやすい山で、海抜8000フィートにすぎないから、勝道上人はたいへん有名になり、人々の讃仰を集め、毎年8月には5000人ほどの巡礼者が彼の聖なる足跡をたどりに来る。寺の隣に宿屋が数軒あるが、畑や人家は湖畔にも山あいにも、まったくない。ぼくらは、とある宿屋で休む。(アダムズ)¹⁰⁵

このように湖畔には宿が少ないし、8月の期間は巡礼者であふれる。この不便さを解消するために、外国人は別荘を探した。まずは、明治20年代のイギリスのカークウッドであり、その後サトウもダヌタン夫妻も続く。別荘生活を垣間見るのは次章にして、ここでは、もう少し、外国人が「湖」で、どのように楽しんだかを、見てみたい。

ひと泳ぎ
～アダムズとクローデル～

今日の中禅寺湖上のレジャーとしては、ボートや遊覧船の湖上めぐりと釣りが知られている。ことに釣りは、外国人によるマスの放流で始まったといわれるし、湖畔にはかつて、外国人と日本の上流階級との社交場、東京アングリング・アンド・カンツリー倶楽部があった。

しかし、今日私たちがほとんどしていないことをして、アダムズとクローデルは楽しんだ。泳いだのである。

1886年アダムズ一行の撮影した湯元旅館。旅館の湯治客も、こちらの外国人一行を見つめている
（マサチューセッツ歴史協会所蔵）

●注8）　萩原延壽『遠い崖 9』（朝日新聞社、2000年）151頁。　104）バード、163頁。
　　　105) Adams to John Hay, 22 August, 1886, *Letters*, pp.31-34.

碧い眼に映った日光

　禅智院に滞在中、アダムズには暑さがこたえていた。ラファージがけなげに「がむしゃらにスケッチをしている」のに対し、「ぼくは正午から五時まで、しおれきって」「うだるような暑さにうんざり」していた。だから、中禅寺湖で、帆かけ舟に乗ったとたん、「ひと泳ぎ」してしまった。「ぼくらは、とある宿で休み、昼食の準備ができるまで、ビケローと二人で湖でひと泳ぎしようと、帆かけ舟で漕ぎだした。105)」と、はしゃいでいる。坂を「鼠」のような馬と徒歩とで登攀した後にもかかわらず、疲れも見せず、おもわず湖に飛び込んだ。アメリカの48歳のエリートの浮かれように、遠足の興奮と湖を好んだことが、伝わってくる。

　彼らはよほど気に入ったようで、「昼食後、馬は先にやり、ぼくらは舟で、つぎの地点まで行った。葉巻を1本くゆらす間の距離だ。105)」中宮祠近辺の大崎から舟に乗り、菖蒲が浜で陸に上がり、そのあと湿原を抜けて湯元に向かった。

　湖上で男体山を見ながら、くゆらす葉巻一本は、異国東京のストレスからエリートを解放させた。どんなに美味しいいっぷくだったことだろう。

　もう一人、泳いだ人物がいる。50歳代後半のフランス大使クローデルである。湖で泳いでるときに仰ぎ見た光景から、彼は詩作に至った。

　大正15 (1926) 年の7月、例年の

アダムズは夏の日、ここでひと泳ぎ
クローデルは、泳ぎながら男体山(なんたいさん)から白根山への朝日を見る

第9章　中禅寺湖 1　湖をめぐって

ように、クローデルは大使館別荘で過ごす。ある短詩の手稿に、「朝方、澄んだ湖水を泳いでいるうちに霧が晴れ、男体山が白根山へ向けて大きな黄金の矢を放つのを、私は目の当たりに見る。[113]」と書き残す。朝、湖で泳いでいるとき、右手の東側の男体山から陽が昇り、左手の西側の白根山に陽光が向かったのである。頭上を、まさに、右から左に朝日の黄金の矢が飛んだ。

それは、7月25日付の手紙に、

> 伝説によると男体山が遠方の好敵手である雄大な白根山を目がけて大きな黄金の矢を射る時刻に、すなわちその光景を見る目には喜びが、心には計り知れない歓喜が溢れる時刻に（あなたからの手紙を受け取りました）（クローデル）[113]

とあるように、クローデルは、伝説の通りの光景を、つまり、男体山から朝日が壮大に射し出される光景を、喜びをもって眺めた。今日でも、二荒山中宮祠では新年四日に武射祭といって、二荒山神と赤城山神の神戦譚（しんせんたん）に由来する祭があり、上神橋から矢を放つ。クローデルは赤城山と白根山を入れ替えて設定したが、いずれにしても矢を放つのは男体山からである。

詩人は実際に泳ぎ、あるいは湖畔にたたずみ、さらに伝説と重ね合わせて、詩句のイメージをつかんだ。それは、『百扇帖』（ひゃくせんちょう）で詠われる。

> 「金蓳」（きんせん）（有島生馬の書）
> 朝ばらけ　男体は
> 白根めがけて大き黄金の矢を放つ[114]
> （クローデルのフランス語　自筆）

泳がなくても、私たちも、朝、湖畔にたたずみ、男体山からの朝日を仰ぎみてみよう。その陽は、「黄金の矢」として、目と心に「歓喜」をもたらすはずである。

ヨットレース
〜ダヌタン夫人の証言〜

外交団が中禅寺湖でもっとも楽しむのは、ヨットである。ことに、夏の盛りには、毎週末、ヨットレースが行われた。男性はイギリス大使が会長を務める男体山ヨット・クラブ主催のレースを競い、湖畔では日傘や帽子の婦人たちが応援の歓声をあげた。

中には、婦人でヨットレースに参加した活発な人もいる。メアリー・ダヌタンである。

明治32（1899）年8月16日の日

● 注 105) Adams to John Hay, 22 August, 1886, *Letters*, pp.31-34.
　　113) Claudel の引用は、栗村道夫「『百扇帖』注釈（その5）」L'OISEAU NOIR XII, (Cercle d'édtudes claudeliennes au Japon, 2003) pp31-32. より。
　　114) Claudel, *CENT PHRASES POUR EVENTAILS*, p.717.

ヨットレース　アルベール・ダヌタン公使撮影
（公益財団法人東洋文庫所蔵　*Fourteen Years of Diplomatic Life in Japan* より）
メアリーのヨット「アドミラル号」は、どれであろう？

記には、レース初日のハプニングが詳述れている。夫のアルベールは審判役で湖畔にとどまり、メアリーは自分のボート「アドミラル号」の舵手として9隻のボートの先頭を切って走っていたところ、

> 遠くで一隻のボートが転覆したのが見えた。そこですぐにコースを変えてオールで漕ぎながら全速力で救助に向かった。現場に到着してみて、転覆したボートはドイツ公使ライデン伯爵のボートだと分かった。(…) ライデン伯爵は倒れた帆の下敷きになって引きずられていた。私たちが彼をその危険な状態から引き揚げたときには彼はすっかり疲れ果てていた。レースは中止せざるを得なくなった。（ダヌタン）[115]

一方岸辺では、転覆したのがアドミラル号だと思い違いをしていて、

> 戻ってみるとアルベールがひどく心配していたことが分かった。審判役のアルベールは興奮のあまりレースの中止を示すため旗を降ろすのを忘れていた。そのため、競技者の一人がこの間違いを利用してそのまま舟を進め、最後にただ独り悠然と予選を勝ち抜いた。（ダヌタン）[115]

当日のはらはらした様子と、片やその中のちゃっかり組の様子とが伝わってくる。

　これは明治32（1899）年のワンシーンだが、湖で遊ぶ外国人が大勢いたことが分かる。そして、その賑わいは、昭和の初めまで続いた。
　その中心は外交団であり、湖畔に各国の別荘が並んで建てられた。

●注 115) ダヌタン、162頁。

第10章 中禅寺湖 2 別荘物語

大使館別荘は 湖に向かって建つ

第10章　中禅寺湖2　別荘物語

「全員を誘って、うちでお茶」
～サトウの別荘～

　初めて別荘生活を楽しんだ外国人は、イギリスの法律家カークウッドである。明治20（1887）年、米屋井上政平の紹介で、中宮祠の前の湖畔側にあった家を借りた。ダヌタン夫人が息をのんだように、また、現在のホテル「湖上苑」の名が示す通り、まさに、湖上に乗り出すように、立地していた。ちなみにその別荘はカークウッド帰国のあと、ロシアやイタリアの公使が交替で利用したが、大正12（1923）年から、東照宮塗師である岸野家の縁戚が経営する旅館となった。

　カークウッドに続いたのが、英国公使として再来日したサトウである。赴任の翌年明治29（1896）年、砥沢に、地元の旅館兼運送業を営む伊藤浅次郎から借りた土地に、別荘を建築した。ボートハウスの敷地検分に行く様子を、5月の日記に見よう。

5月29日
　9時の汽車で中禅寺に行き、米屋に

筆者も湖畔のデッキでコモ湖を想いうかべた

第10章　中禅寺湖2　別荘物語

中禅寺湖畔の別荘の番号

泊る。峠を登る途中、3時半ごろから雨が降って来た。

5月30日

すばらしい朝だ。コンダーと家の敷地へ行って、ボートハウスの位置を決め、家の裏手から丘の方へ伸びている小道を歩く。敷地の前は、広げられるように三段のテラスを作ることにする。白や赤や薄紅色のつつじが咲いていた。峠を下った日光の谷の辺りでは、藤が咲いていた。3時間半で駅まで歩き、4時40分の汽車で東京まで戻る。(サトウ)[116]

雨上がりの朝、空気も湖も丘の小道も、うつくしい。専用ボート乗り場を決め、別荘生活を具体的に想像して浮き浮きしている。初夏の花々までも、祝福してくれるようである。

鹿鳴館の設計で有名なイギリス人ジョサイア・コンダー（日本ではコンドルと呼ばれている）の協力を得て、洋館ではなく、部屋数は多いが普通の日本家屋が完成した。

この別荘はほどなく「南四番」と呼ばれた。この番号は、中禅寺湖の水の華厳の滝への流路口、大尻（現在は「立木観音入口」の信号がある）を起点に、南側と西側に、外国人の別荘1軒ごとに

●注116）アーネスト・サトウ、1896年（明治29年）5月29日、30日、長岡祥三訳『アーネスト・サトウ公使日記Ⅰ』（新人物往来社、1989年）、150頁。以下、サトウと略す。

順につけたものだが、明治33（1900）年から地元の地図に掲載される。南は砥沢の方に向けて「南7番」まで、西は菖蒲が浜の方に向けて「西15番」まであった。「西4番」が前述のカークウッドの別荘である。

ここでの典型的な1日を、サトウの日記から拾ってみよう。ちょうどイザベラ・バードこと、ビショップ夫人が中国旅行の後、休養のために日本に立ち寄り、サトウのもとを訪れていた日である。

8月5日
> ビショップ夫人と一緒にダヌタン家へ昼食に行くと、ウォルター夫人とフレイザー夫人も来合わせていた。彼ら全員を誘って、うちでお茶にする。そのあとでラウザーとカロと一緒にボートに帆を張って、カロの家の方向に走らせた。（サトウ）[117]

ウォルター夫人とフレイザー夫人はダヌタン夫人の親しい友人で、ウォルターは横浜の商社の副支配人、フレイザーはサトウの前の英国公使だったが東京で病没。ラウザーは英国大使館員、カロはスペイン大使館の書記官である。ランチ、お茶、ボート漕ぎといった社交の時間が、当然のごとくに広がっていく。外交官の付き合いとはまさにこういうもの。ボートで向かう方が道を行くよりも早くて便

イタリア大使館別荘　広接間

第10章　中禅寺湖2　別荘物語

利なことも読み取れる。

　この別荘で、サトウは外交団の中でも気の置けない友人たちとの社交にいそしみ、大好きな植物観察をしながらの散策と登山を楽しんだ。ときには、もう1軒の日本の家族のための別荘を訪れた。

　こうして、およそ5年の公使赴任の間に、31回、延べ218日、日光中禅寺を訪れた。それは、通訳官として幕末明治維新に立ち会った疾風怒濤の最初の勤務時代と違って、サーの称号を得た英国の全権代表館長として、精神的にもゆとりを持って日光の中禅寺の滞在を楽しむことが出来たからである。

　ところで、サトウの帰国の後は、イギリス大使館別荘となり、平成まで、多くの大使や館員家族が利用した。現在は、栃木県が所有し、「イタリア大使館別荘」のように、公開することを目指し準備中である。

　同じイギリス人サークルに属するメアリーは、夫のベルギー公使アルベール・ダヌタンと共に湖畔の避暑地をリードした。

「日本家屋をとても気に入った」
～ダヌタン夫妻～

　明治29（1896）年の初夏、ベルギー公使ダヌタン夫妻はこれまでのお決まりの避暑先、箱根の富士屋ホテルには向

イタリア大使館別荘 船着き場　ボートは必須の交通手段

●注　117）サトウ、169頁。

かわない。なぜなら、「美しい湖の端に建っている私たちの紙と木でできた小さな日本家屋[92]」で過ごすからである。

　カークウッドの別荘で青く平和な中禅寺湖に息をのみ、さらに錦秋の輝きに感激したメアリー・ダヌタンは、サトウと同じく中禅寺別荘生活の常連になる。「小さな日本家屋をとても気に入った[92]」からである。この家で、夫妻は想い出深い夏を毎年重ねて行く。

　ところでメアリーは、中禅寺湖のヨットレースのところで、すでに報告者としておなじみである。ここでは、イザベラ・ビショップ夫人との交流について、彼女の日記から紹介してみよう。

明治29（1896）年7月15日
　『日本奥地紀行』等の著者ビショップ夫人が湯元に行く途中、私の家によって昼食をした。(…) かよわい健康状態で、歳が63になるというのに、彼女は中国で最も辺鄙な地方をたった一人で旅行してきたのだ。何百人もの猛り狂った群衆に襲われたことが3度もあり、一度は大きな石で頭を割られたと彼女は私に語った。(…) 彼女はこのような滅多にない刺激的な経験を重ねてきたので、休養のため湯元に行くことにしていた。そこで滞在中、朝鮮に関する本を書くつもりでいる。[118]

体験談を熱心に語る65歳近い（63歳は訪中時）のビショップ夫人。固唾をのんで聞き入り、客人をもてなす38歳のメアリー。二人とも英国ヴィクトリア朝の女性としての教育としつけを受けていた。相手を尊重する一方、自分の仕事を自覚する、好奇心あふれる女性たちである。どんなに、二人の会話がはずんだことであろう。

　偶然にも、ビショップ夫人とダヌタン夫妻は二か月後の9月23日、東京への帰路で汽車が同じだったので、メアリーは「お世話をしてあげた。東京に着いたのは午後9時であった。[111]」という。このシーンも想像すると実に微笑ましい。65歳の冒険家の実力者を、親子ほど年の離れた公使夫妻が、「お世話をしてあげた」のである。

　次に、外交団の首席であるダヌタン夫妻ならではの、皇室との縁を紹介したい。
　明治32（1899）年秋、条約改正締結を祝う宮中晩さん会において、外交団首席公使の夫妻が両陛下に拝謁した折、皇后陛下は中禅寺を話題になさった。10月28日の日記によれば、「両陛下とも極めてお優しく、皇后陛下は私に中禅寺で過ごした夏のことや、私たちが嵐で受けた被害のことなどをお尋ねになった。[119]」

　皇后陛下まで外交団が日光中禅寺に滞在していることをご存じで、それほど有名だったことを示すが、実は皇太子殿下（後の大正天皇）がことのほか日光

好まれていた。何度も来晃され、明治32（1899）年には、御用邸が田母沢に造営されている。

その皇太子とダヌタン夫妻は、日光あるいは中禅寺で親しく言葉を交わしている。例えば明治33（1900）年のこと。

明治33（1900）年7月29日
> 村で偶然皇太子にお会いしたが、殿下は立ち止まって私たちに話しかけられた。殿下のフランス語は非常に改善され、以前よりもずっとご健康そうに見えた。[120]

同年8月27日
> 皇太子殿下が峠を登って私たちの滞在している中禅寺までおいでになった。アルベールは殿下にお目にかかって長時間お話しした。[121]

同年8月28日
> 中禅寺では今日霧が濃い。アルベールと私は皇太子殿下にお会いして、殿下としばらくお話しした。殿下は今日、日

大正天皇が皇太子時代から滞在なさった 田母沢御用邸記念公園（同所提供）

●注 92）ダヌタン、117頁。 111）ダヌタン、127頁。 118）ダヌタン、118頁。 119）ダヌタン、169頁。
120）ダヌタン、207頁。 121）ダヌタン、214頁。

> 光へお戻りになる。[122]

同年 8 月 31 日
> 今日はずっと涼しく、皇太子殿下のお誕生日に当たる。アルベールと私は御別邸まで歩いて行って、名前を記帳してきた。[123]

　日光であるいは中禅寺で、偶然に、あるいはお訪ねして、皇太子とお話しする。時にはフランス語でも、言葉を交わす。外交団の首席夫妻だから皇室とお話しする資格があるわけだが、それだけでなく、この避暑地を気にいっている者同士の、東京を離れてのリラックスした楽しい会話が想像される。

　こうして外交団は避暑地でも社交を重んじる。しかし同じ館長でも、避暑地では社交よりも思索と執筆に没頭する大使がいた。大正末の駐日フランス大使クローデルである。

「生活は麗(うるわ)しく、パリのことなど忘れてしまう」 〜クローデル〜

　クローデルは、旅行訪問の 23 年後、大正10（1921）年11月に、今度は駐日フランス大使として赴任した。翌年 5 月、「南三番半」に位置する大使館別荘の下見をしたあと、7 月から本格的な別荘滞在を開始した。そして昭和 2（1927）年 2 月駐米大使として離日する直前まで、何度も中禅寺の別荘を訪れた。

　クローデルの日本観には、日光と中禅寺の存在が大きく関わっている。ここでは、この別荘を大使がいかに好んだかと、この別荘での執筆について紹介したい。

　初めての夏、湖畔の別荘生活の喜びを、手紙で友人に伝える。彼の興奮ぶりがうかがえるので、少し読んでみよう。

> 想像できる限りでもっとも美しい光景だ。山と森に囲まれた青い湖のほとりで、美しい火山の裾野に位置している。[124]

　景色を絶賛し、男体山を「美しい火山」と呼ぶ。
　住居はといえば、

> 私はここで素晴らしい日本式の家に住み、紙の扉を引き立て、だから完全に森と空と自然に溶け込んでしまっている。[124]

　建物は、木造 2 階建てで、湖に向かって両手を広げるように佇(たたず)む。一階も二階も広縁があり、外界とは雨戸と障子で接する。だから、石造りの西洋建築に親しんできた詩人にしてみれば、「紙の扉」だが、そのおかげで、森の深さも芳香も、空の眩しさも広がりも、湖の波音も、居ながらにして感じられるのだった。自然

第 10 章　中禅寺湖 2　別荘物語

フランス大使館別荘外観
「紙の扉を引き立て、森と空と自然に溶け込んでしまっている。」(クローデル)

との共生をこの家で体感したのだろう。
　そこに住む人々の反応はどうかと言うと、

> 娘たちは大喜びで、昼間は湖にボートを漕ぎだしたり、自転車に乗ったりしている。あちらこちらに滝があり、神社や寺も訪問しなくては。[124]

つまり、気に入っているのは自分だけはでない。家族もそうだ。これは父親にとって、とても嬉しい。明るい歓声が聞こえてきそうである。見学に行きたいところも、たくさんある。わくわくする。一言でいえば、

> 生活は麗しく、パリのことなど忘れてしまい、パリへはあまり早くには戻りたくないくらいだ。[124]

と、率直に語っている。フランス人がパリを忘れる。パリに帰るのは、遅くていい。何という魅力を、ここの生活は詩人に与えたのであろう。そんなにも、生活は麗しい!
　麗しい生活を過ごしながら、クローデルは創作活動に専心した。つまり、大使であり芸術家であるという全く異なった方向のベクトルを職業にしたクローデルは、この別荘に来た時には、芸術家に徹した。外交団の一員であるが、ヨットレー

●注 122) ダヌタン、215 頁。　123) ダヌタン、216 頁。
　124) *Cahiers Paul Claudel* III, (Gallimard, 1961), p.71. より井戸桂子訳

別荘1階の広縁より中禅寺湖をのぞむ

代表作の戯曲『繻子の靴』はじめ、数多くのエッセイ、詩が執筆された。

その中でも、散策中、あるいは、別荘で、想を得たと思われる短詩を『百扇帖』から拾い、私たちも追体験しよう。

クローデルはステッキを持ち、湖畔を散策するのが日課であった。菖蒲が浜のお地蔵さまのところまで往復したという

家族と過ごすクローデル大使

別荘2階の広縁より中禅寺湖を眼下に見下ろす

スやディナーに興じたりしない。この別荘は、昭和の改築を記録するレリーフに刻まれているように、「ポール・クローデルが執筆した別荘」である。この別荘で、

第 10 章　中禅寺湖 2　別荘物語

改築時のレリーフ
「ポールクローデルが執筆した別荘」とある

から、かなりの健脚である。湖畔の天気は安定せず、日が射したかと思うとたちまち雨になる。

>　「雨　織」（有島生馬の書）
>　　われは織匠　手にする魔法の杖をもて
>　　日の縞と　雨の糸とを織りまぜる[125]
>　（クローデルのフランス語の自筆）

自然界の調和という役割を担う詩人は、魔法の杖によって、横から射し込んでくる夕日の光を横糸に、糸を引くように降ってくる小雨を縦糸に使って、錦模様の織物を織りなす。自然光線と雨を織り合わせ、同時に、目に見えるものと見えないもの、自然の力というものを、織り合わせる。魔法の杖を持っているのだから。

龍頭（りゅうず）の滝近辺の見事なつつじも、謳う。

>　「躑　躅」（つつじ）（有島生馬の書）
>　　つつじを見ざるもの　それは激流の響きを聞かざるもの[126]
>　（クローデルのフランス語の自筆）

色鮮やかなつつじを歓賞する視覚と、岩に突き当たる激しい谷川の響きに驚愕する聴覚と、その両方を同時に働かせる。いわば色聴の共感覚である。研ぎ澄まされた感覚を、私たちもこの詩人に倣って磨きたいものだ。

龍頭（りゅうず）の滝を越えて、湯元へ行く途中、高原の水辺に野芹（せり）が群生する。詩人は思わず、芹を口に食む。遠くにはわずかに残雪を頂く山がみえる。

>　「墾　雪」（有島生馬の書）
>　　独り行く　口にこの一握りの芹
>　　目には見あぐる峯頭一抹の雪
>　　午後三時[127]

●注 125) Claudel, *CENT PHRASES POUR EVENTAILS*, p.703.　126) Claudel, *CENT PHRASES POUR EVENTAILS*, p.721.　127) Claudel, *CENT PHRASES POUR EVENTAILS*, p.710.

■（クローデルのフランス語の自筆）

さわやかな高原の空気と、ほろ苦い芹の清涼感が伝わってくる。午後3時の陽光を浴びて、山頂の残雪がくっきりと光る。

次の詩句で、クローデルの境地を追いかけて、本章を終えたい。湖畔の水辺で葉影を探しながら。

■「葉　々」（有島生馬の書）
　水の上に水のひびき　葉の上にさらに葉のかげ[128]
（クローデルのフランス語の自筆）

詩人は葉かげで屈みこむようにして、水の音に耳を傾け、自然を鑑賞する。響がかさなり、影もかさなる。聴覚と視覚2つの感覚が二乗される。もはや具体的な事象ではなく、宇宙の神秘を瞑想する。聖なる「美しい火山の裾野」で、「完全に森と空と自然に溶け込んで[124]」いるのだから。

サトウ、ダヌタン夫妻、クローデル。3人の館長がそれぞれの過ごし方をして、中禅寺別荘生活を満喫した。

それは、坂の下の時間とは違っている。日光山内の聖なる廟の見学ともホテル滞在とも違って、自分のペースで自分の世界を作ることである。ここの生活は他からは干渉されない。だからこそ、外国人はあの険しい坂をも上り、やって来たのである。

かつて水道のまだ引かれてない頃、別荘住人の命の水だった「レーキ水」は、今も湧き出る

●注 124) *Cahiers Paul Claudel* III, (Gallimard, 1961), p.71. より井戸桂子訳
　　128) Claudel, CENT PHRASES POUR EVENTAILS, p.738.

 ## 国際社交場「西六番」の栄衰

「夏休み―私たちの場合は、いつも中禅寺だった―は、とくに幸福な想い出の種である。」とは、イギリス大使館武官、ピゴットの言葉（『断たれた絆』）である。大正時代、大尻から南の湖畔には、イギリス、フランス、ドイツ、イタリア、ロシア、ベルギー大使館の別荘が立ち並んだ。ヨットレースに一喜一憂する姿は、ダヌタン夫人の証言の通りであるが、これは、いわば外国人に限られた特殊な世界であった。

しかし昭和に入り、外交団と日本の上流階級の交流をもたらす楽しみが、「西六番」に興った。「東京アングリング・アンド・カンツリー倶楽部」という、釣りを通じての国際社交場である。これは、アイルランド出身の実業家と日本女性との間に生まれたイギリス国籍のハンス・ハンターが、大正13年（1924年）に「西六番」を、グラバーの息子、倉場富三郎を介して購入したことにより、実現した。

旧グラバー邸を解体し、簡素な中にも気品のある英国クラブハウスを新築した。名簿には皇族の秩父宮、朝香宮、東久邇宮を名誉賛助会員に迎え、会長に侯爵鍋島直映、副会長に男爵岩崎小弥太をいただき、ドイツ、英国、ベルギーの大使が名誉会員に名を連ねた。グロブスター英国王子を昼食に饗応する栄誉にも浴した。

しかし、大恐慌やナチス台頭などが外交団の世界にも影を落とし、昭和15（1940）年8月17日に、パーティ後の漏電による火災が起こり、この象徴的な事件と共に、「西六番」は消失した。

暖炉の部分が、かつての面影を残している（西六番別荘跡）

エピローグ

　これまでの登場人物のその後を紹介して、エピローグとしたい。

　アーネスト・サトウは、中国の公使に栄転し、明治33（1900）年5月4日、ダヌタンらに見送られて横浜を出航した。明治39（1906）年5月、その中国公使を離任し英国に戻る途中に立ち寄ったのが、最後の訪日である。
　そのとき、次男久吉と日光に行くことになった。62歳の父と23歳の息子に、まさに天が与えてくれた最後の思い出になった。二人で高山植物を愛で、金精峠方面に行く。久吉が頂上まで登る姿を父は目を細めてみやり、自分は酢木と花の咲いたしょうじょう袴や白いアネモネを見つけて喜ぶ。そして二人でゆっくりと、菖蒲が浜の茶屋まで戻る。この武田久吉は、父の登山と植物への情熱を受け継ぎ、英国留学ののち、植物学博士となり、日本山岳会の創立者の一人となった。
　帰国したサトウは、外交官を退官してハーグの国際仲裁裁判所の英国代表や治安判事を務め、昭和4（1929）年86歳で天寿を全うする。晩年を過ごした家には、吉野桜と笹を植え、種から育てた日本のキュウリも食卓に上ったという。
　現在も、千代田区の英国大使館前に並ぶ美しい吉野桜は、明治31（1898）年にサトウが植え、翌年にもう一度私費で50円を支払って、手入れの植え替えをした桜である。

　エミール・ギメは、明治9（1876）年の2カ月余りの訪日の後、神戸から上海に向かい、中国とインドでも調査旅行を行った。明治11（1878）年のパリ万博では、彼の蒐集品による「極東の宗教」というテーマの展示室が人気を呼んだ。翌年にはリヨンに博物館を建築したが、蒐集品はパリに移管し国に寄付することを決意。明治22（1889）年11月20日、大統領サディ・カルノがギメ博物館の開館を宣言した。
　これが、今日の国立ギメ東洋美術館の始まりである。ここではギメ館長の方針により、展示だけでなく、講演会や無料の説明会など、教育機関としての役割も果たしてきた。仏教の儀式が日本の僧侶によって執り行われることもあった。輪王寺の常行堂の御勤め参加を思い出したに違いない。
（なお、平成3（1991）年3月に、法隆寺金堂の菩薩像が同館で発見され、約110年ぶりに所在が明らかになった。）
　ギメは、日本に同行した画家のレガメとともに、フランスでの日本紹介や、日本か

エピローグ

らの留学生の受け入れにも心をつくした。明治33（1900）年にパリ日仏協会が創立されたときは、ギメが副会長でレガメが事務局長をつとめた。

　ギメはエジプトや東洋美術の研究だけでなく、実業活動、あるいはピアノ曲の作曲活動などの多方面の活躍をして大正7（1918）年、82歳の生涯を終えた。

　エドワード・モースはシャミセンガイなどの腕足類の研究のために明治10（1877）年に短期の予定で訪日したが、日本に魅了され、その後、明治16（1883）年まで3度にわたって来日した。途中ボストンに戻った時は、ローエル研究所やガードナー邸（現在はその地にガードナー美術館がある）での講演会に招かれ、得意の話術とスケッチを駆使して日本を熱く語った。

© RMN-Grand Palais(musée Guimet,Paris)/Droits réservés/distributed by AMF
コレクションを愛でるギメ館長

講演はボストン人たちの訪日ブームに火をつけ、その聴衆の一人のアダムズも、ホストのガードナー夫妻も来日した。アメリカ東部社会と日本を結ぶ、キーマンとなる。

　フェノロサは、モースの推薦で東京帝国大学御雇教授として来日し、富裕な医師ビゲローもモースと共に来日した。このメンバー、つまりフェノロサ、ビゲロー、モースと言えば、みな、ボストン美術館のコレクションの礎を築いた人々である。また、庶民に心を寄せたモースらしく、日本の民俗資料も収集し、それは、セイラムのピーボディ博物館に収められている。両コレクションとも、世界的に有名である。

　もちろん、モースは米国では日本研究家であるとともに学者であり、晩年は、ボストン博物学会会長を務めた。大正14（1925）年、87歳の人生を閉じた。

　イザベラ・バードは、明治13（1880）年に『日本奥地紀行』を脱稿したのち、医師ビショップと婚約し、翌年結婚した。しかし夫は患者への輸血による病気がもとで体調不良となり、妻の看病もむなしく没する。結婚生活はわずか5年であった。

　その後気持ちを整理したイザベラは、長期旅行を再開した。それはこれまでと趣

が変わり、「最愛の夫と私が深い関心を寄せる医療伝道の旅」となった。豊富な財力を有したからだが、ヴィクトリア朝の女性として伝道の意義を痛感しており、さらに、夫の遺志を受け継ぎたいという使命感もあった。明治22（1889）年にインドのカシミールに夫を記念する病院を建て、次の明治27（1894）年からの人生最後の大きな旅行では、中国と朝鮮で医療、伝道活動を支援し、日本では孤児院建設を助けた。

しかしその中国への旅は、ダヌタン夫人が驚いたように、命の危険に何度もさらされた苛酷な旅であった。そんな途中、自らへの癒しとして、また執筆の時間として選んだのが、日光であった。ビショップ夫人、65歳の時である。スコットランドにも似た中禅寺湖畔の風景や、サトウら同国人たちとのひとときは、どんなに嬉しかったか。ヴィクトリア朝から遠路羽ばたいてきた鳥（バード）には、日光というちょうど良い止まり木が必要であったのではないだろうか。

明治34（1901）年モロッコへの数カ月の旅行を最後に、明治37（1904）年、スコットランドのエジンバラで73歳の誕生日を目前に、天国へ飛び立った。

ピエール・ロチは、明治18（1885）年来日し、長崎で小説『お菊さん』の素材となる体験をしたのち、関西、東京、日光を巡り、『秋の日本』と題する紀行随想文にまとめる。翌明治19（1886）年に発表した『氷島の漁夫』が代表作となり名声を高めた。明治24（1981）年には、アカデミー・フランセーズの会員に選出された。

東照宮で日本芸術の粋を見たロチであるが、自分たち西洋との差を認識するにとどまり、理解は出来なかった。だがその日本へ、明治33（1900）年、50歳のとき、思わぬ再訪を果たし、その時の体験を『お梅さんの三度目の春』に書き残している。お菊さんの時よりも日本人への蔑視は和らぐが、主人公が「自分が愛することもなく悩みもしなかった国からは、心に残るものは何もない」と語るように、やはり、通りすがりの淡白な眼でしか見ることが出来なかった。

しかしそのロチが『秋の日本』の訳者へ寄せた文章の中に、私たちにとって、貴重な言葉がある。すなわち、『秋の日本』においてロチは、「日本の美術工芸への感嘆尊崇の念を表した」ものであるという。

ロチは、東照宮の金色の世界に引き込まれたとき、日本と西洋の間に深淵があると自覚するが、日本の美自体にも秩序が存在し、その秩序に従って驚くべき緻密な完成を作り上げていることを認めている。だからこそ、「美術工芸への感嘆尊崇の念」という言葉が出てきたと言えよう。

世界を回った海軍軍人でもあった作家は、明治43（1910）年に退役し、大正12（1923）年、73歳で没した。

エピローグ

　ヘンリー・アダムズとジョン・ラファージは、明治19（1886）年の8月末、日光から帰京すると、関西旅行をし、10月2日、横浜からサンフランシスコへ向う。帰国の船内には、欧米美術視察を文部省から命ぜられた、フェノロサと岡倉覚三（天心）も一緒だった。さらには日光で世話になったフェノロサ夫人も子供と乳母を伴って里帰り。賑やかなメンバーだった。

　日本で初めて西洋文明圏でない異文化を体験したアダムズは、新しい価値観に戸惑い、頭脳明晰なエリートとしては、理解しがたいものが気になった。そこで、翌年は早くも中国に行きたいと願う。中国行は結局実現しなかったものの、この日本旅行を契機として、彼の非西洋文化圏への彷徨が始まる。ポリネシアやキューバ、カリブ海諸島へとしきりに旅立つ。その道づれはラファージであった。

　やがて、混沌とした現代の文明に失望し、中世の神秘的統一世界に憧れる。代表作『モン・サン・ミッシェルとシャルトル』（明治37（1904）年）と『ヘンリー・アダムズの教育』（明治40（1907）年）を発表して、アメリカを代表する知性と言われたアダムズは、大正7（1918）年に80歳で生涯を終えた。この強靱な知性は、48歳のときの日本行があったからこそ、文明観の再検討を開始し、彼の思想へと到達した。

下賜の大盃
（公益財団法人東洋文庫所蔵）
Fourteen Years of Diplomatic Life in Japan より
中央右：天皇陛下からダヌタン男爵に御下賜の銀製の大盃
中央左：皇后陛下から夫人へ御下賜の一対の銀の花瓶
両側に飾ってあるのは、両陛下、皇太子および同妃殿下のお写真

　ラファージは、岡倉天心と生涯にわたって交流を続け、本書が引用した『画家東遊録』は岡倉に、岡倉の英語の著作 the Book of Tea（『茶の本』）はラファージに、それぞれ献じられた。ラファージは最晩年の病床で、岡倉の選んだ日本の絵の具を「カノウ　ブルー」（狩野派の青）と呼んで慰みとしたという。明治43（1910）年、75歳で生涯を閉じた。

　ベルギー公使アルベール・ダヌタン男爵とメアリー・ダヌタンは、明治26（1893）年に赴任し外交団の首席夫婦を長年つと

める一方、44歳と35歳の夫婦として、異国で互いの信頼を深めた。日本側の評価も高く、明治31（1898）年2月には勲一等旭日大綬章を授与され、また両陛下から賜暇帰国のたびにお招きと下賜品があった。

在日17年の間に4度の賜暇休暇をとり、5回目のそして最後の来日となった明治43（1910）年、アルベールは持病の腎臓炎が悪化し、7月25日に永眠した。享年61歳。メアリーは52歳の未亡人となった。

夫の死後2週間たった8月、メアリーは日光に静養に行く。最後に選んだのは、やはり思い出の地、日光であった。

9月30日、メアリーは皇后陛下に宮中に召されて金1万円を下賜され、11月15日、横浜を発った。

ローマ、ブリュッセルに滞在後、ロンドンに帰り、明治45（1912）年4月、亡き夫の勧めに従って、日本駐在のときの前半の日記を公にした。「序」は、在英日本大使の加藤高明から寄せられたもの。ダヌタン男爵を讃した後、夫人について次のように記す。

> 英国人としてお生まれになった夫人は、その民族の優れた資質の総てを受け継がれた上流の女性で、外交官の夫人として、まさに最適の人である。夫人の生来の魅力、優雅さ、寛容さ、思いやりの心、それに加えて、その機転と思慮深さは、夫君にとって計り知れない貴重な援けとなったことと思われる。[129]

夫人はその後、執筆や講演の忙しくも穏やかな日々を過ごし、昭和10（1935）年、サセックス州の自宅で77年の生涯を閉じた。

ポール・クローデルは、大正15（1926）年12月1日、米国ワシントン転任を報ずる正式電報を受け取るが、12月25日大正天皇の崩御となり、昭和2（1927）年2月7日のご大葬に参列するため、出発を延期した。

その間、1月30日と31日、日光を訪れている。厳しい寒さだが、素晴らしい天気だった。中禅寺湖畔にも行き、男体山、渓流、滝に、別れを告げる。「最後の眼差し[130]」という言葉を日記に残している。

2月17日、横浜港を出港し、新任地アメリカに向かう。しかし大使はワシントンに着任した直後なのに、4月末にいったん帰仏してしまう。5月上旬、ローヌ川に近い町ブラングにルイ13世風の城館購入を決めるためであった。日本を離れてわずか3か月後のことである。

エピローグ

　外交官と詩人という二つの異なるベクトルを一身に抱えたクローデルは、このとき別荘の意味に気付いていた。大使は帰国するたびに、パリは早々に切り上げてこの城館に赴く。昭和10（1935）年、ブリュッセル駐在大使を最後に退官した後は、城館の滞在が多くなった。思索のためのお気に入りの別荘。その嬉しさをかみしめたのが、中禅寺別荘であった。城館に比べれば、つつましい「紙の扉」の日本式の家である。しかし、ここで「森と空と自然に溶け込んだ」のを忘れなかった。

　元駐日大使であり、日本の文化を理解したクローデルは、第二次大戦に際しても心を砕いていた。日本の敗色が濃くなった昭和18（1943）年秋、友人に、日本民族が「決して滅ぼされることのないようにと願う」と語り、また、原爆投下の直後には、『フィガロ』紙に「さらば、日本！」を寄稿して惜別の気持ちを託した。

　昭和30（1955）年2月、クローデルはパリの自宅で永眠した。享年86歳。ノートルダム大聖堂で国葬が営まれた。

晩年のクローデル
（フランス大使館より提供）

●注　129）加藤高明、序、ダヌタン、v-vii 頁。　130）Claudel, *Journal*, p756.

引用文献

アーネスト・サトウ
A Guide Book to Nikkô (Yokohama, 1875) (Edition Synapse, 1999)　より井戸桂子訳。
A Handbook for Travellers in Central and Northern Japan (John Murray, 1884)　より井戸桂子訳。

長岡祥三、福永郁雄訳『アーネスト・サトウ公使日記』(新人物往来社、1991年)

エミール・ギメ
青木啓輔訳『東京日光散策』(雄松堂出版、昭和58年)

エドワード・モース
石川欣一訳『日本その日その日1』(平凡社　東洋文庫　1989年)

イザベラ・バード
金坂清則訳注『完訳日本奥地紀行1』(平凡社　東洋文庫　2012年)

ピエール・ロチ
村上菊一郎、吉氷清訳『秋の日本』(角川書店、平成2年)

ヘンリー・アダムズ
The Letters of Henry Adams,vol.III,ed. by J.C. Levenson, E.Samuels, C.Vandersee, V.H. Winner (Belknap Press of Harvard University Press, 1982)より　井戸桂子訳。

ジョン・ラファージ
久富貢、桑原住雄訳『画家東遊録』(中央公論美術出版、昭和56年)

メアリー・ダヌタン
長岡祥三訳『ベルギー公使夫人の明治日記』(中央公論社、1992年)

ポール・クローデル
"L'Arche d'or dans la forêt", *Connaissance de l'est, Œuvre poétique* (Gallimard, 1967)より　井戸桂子訳　「森の中の黄金の櫃」
Journal I, (Gallimard, 1968)より　井戸桂子訳　「日記」
Cent phrases pour éventails, *Œuvre poétique* (Gallimard, 1967)『百扇帖』　山内義雄訳『クローデル詩集』(ほるぷ出版、昭和58年)および　井戸桂子訳

本書に掲載の日光国宝・重要文化財一覧

■東照宮【とうしょうぐう】

本殿	【ほんでん】	国宝
石の間	【いしのま】	国宝
拝殿	【はいでん】	国宝
唐門	【からもん】	国宝
東西透き塀	【とうざいすきべい】	国宝
陽明門	【ようめいもん】	国宝
東西廻廊	【とうざいかいろう】	国宝
神楽殿	【かぐらでん】	重要文化財
御水屋	【おみずや】	重要文化財
神厩・三猿	【しんきゅう・さんざる】	重要文化財
表門	【おもてもん】	重要文化財
五重塔	【ごじゅうのとう】	重要文化財
石鳥居	【いしどりい】	重要文化財

■輪王寺【りんのうじ】

本堂（三仏堂）	【ほんどう（さんぶつどう）】	重要文化財
大猷院霊廟 本殿・相之間・拝殿	【たいゆういんれいびょう ほんでん・あいのま・はいでん】	国宝
大猷院霊廟唐門	【たいゆういんれいびょう　からもん】	重要文化財
大猷院霊廟夜叉門	【たいゆういんれいびょう　やしゃもん】	重要文化財
大猷院霊廟左右廻廊	【たいゆういんれいびょう　さゆうかいろう】	重要文化財
大猷院霊廟二天門	【たいゆういんれいびょう　にてんもん】	重要文化財
大猷院霊廟仁王門	【たいゆういんれいびょう　におうもん】	重要文化財
大猷院霊廟皇嘉門	【たいゆういんれいびょう　こうかもん】	重要文化財
御水舎	【おみずや】	重要文化財
常行堂	【じょうぎょうどう】	重要文化財
四本龍寺	【しほんりゅうじ】	重要文化財
中禅寺	【ちゅうぜんじ】	重要文化財

■日光二荒山神社【にっこうふたらさんじんじゃ】

神橋	【しんきょう】	重要文化財
本宮神社	【ほんぐうじんじゃ】	重要文化財

■追分地蔵尊【おいわけじぞうそん】

追分地蔵尊	【おいわけじぞうそん】	日光市文化財

あ と が き

　外国人たちと一緒に、杉並木から山内を経て中禅寺湖まで、旅をしてきました。碧い眼の訪問者たちは、聖山と芸術への畏敬の念、自然の美とおもてなしの心地よさを、素直にまたエネルギッシュに語ってくれました。もし、その言葉に感動があるとしたら、それは、【日光という聖地】とともに、【来訪者たち自身】が魅力的だったからに他なりません。

　日光を訪れた外国人に関する本を出版したいと願ったのは、次のような経緯からです。

　「東照宮平成の間」にて、宇都宮グランドホテルの中村喜久美会長のご依頼により、『フランス人の見た日光』の講演をしたときのことです。話が終わって、何かご質問は？というところで、すぐにある女性の方からすっと手が挙がりました。
　「このような外国人の感動的な見方——外交官クローデルが東照宮を暗い森に浮かぶ金色の櫃と捉え、その中で家康が神になると見る——あるいは、作家ロチが東照宮の金色を見事に描写している——は、みなさんご存じのことでしょうか？たとえば、東照宮様の掲示やパンフレットに書いてありますか？」と。
　残念ながら、答えは、その場にいらした東照宮様の方も、わたくしも、「いいえ」でした。「ぜひ広く知らせてほしいものです」とのお声を頂きました。

　それ以来、確かに、研究の場で発表するだけでなく、多くの方に外国人の感動を共有して頂けたらと考えるようになりました。東照宮や輪王寺に参拝に来られる、あるいは日光を観光する方々が、実は外国人も明治時代からこのように見て感動していたのだということを、ご存じの上で訪れることが出来たら、もっともっと日光の魅力が深まるのではないかと。
　出版が実現すれば、言葉を残してくれた遠来の碧い眼の訪問者に感謝の意を表することにもなると思いました。

あとがき

　日光東照宮様、日光山輪王寺様をはじめ、今著の上梓にあたって、ご協力、お力添えを頂いたすべての皆さまに、心より感謝申し上げます。本当に、有難うございました。
　そして、この出版のきっかけも与えて下さった、敬愛する中村喜久美様に、具体案を共に考えて下さった下野新聞社出版事業部の嶋田一雄様、川井教之様、毎日のようにメール交信し本書を一緒に作って下さった日堂亜希子様、丁寧にデザインと装丁を考えて下さったデザインジェムの橋本剛様、代田早紀子様に、厚く御礼申し上げます。

　最後になりましたが、日光と中禅寺湖に共に取材に行き、アイディアを交換し合った浜田由美子様、本書掲載のために素晴らしい写真を撮影して下さった若い友人のカメラマン山田ゆかり様、最初に原稿に目を通してくれた夫の井戸清人に、心から感謝いたします。

　　　　　　　　　　　　　　　　　　　　　　　　　　　　　井戸　桂子

〈著者略歴〉

井戸　桂子　　（いど・けいこ）

東京大学大学院　人文科学研究科比較文学比較文化専攻博士課程　修了
放送大学助教授、米国メリーランド大学客員准教授、ジョージタウン大学客員研究員を経て、現在、駒沢女子大学教授
専門は比較文化
共著に『異文化を生きた人々』『テクストの発見』（共に中央公論社）等

取材協力　　浜田　由美子
撮　　影　　山田　ゆかり
写真協力　　日光東照宮・日光山輪王寺・日光二荒山神社・日光田母沢御用邸記念公園・禅智院・南照院・浄土院・追分地蔵尊・金谷ホテル株式会社・フランス大使館・公益財団法人東洋文庫・国立ギメ東洋美術館・栃木県立日光自然博物館・マサチューセッツ歴史協会・東日本旅客鉄道株式会社・横浜開港資料館・東京大学総合研究博物館・日光レークサイドホテル・ホテル湖上苑・日光殿堂案内共同組合・長崎大学附属図書館・株式会社フジ・メディア・テクノロジー
　　　　　　（順不同・敬称略）

※所有者不明の画像があります。
　ご存知の場合、お手数でも小社宛てにご連絡くださいますようお願い申し上げます。

碧い眼に映った日光　外国人の日光発見
（あおめうつ　にっこう）

2015 年 2 月 1 日　初版
2015 年 9 月 18 日　初版　第 2 刷

著者：井戸　桂子
　　　（いど　けいこ）

編集：嶋田　一雄・日堂　亜希子
発行：下野新聞社
　　　（しもつけしんぶんしゃ）
　　　〒 320-8686 宇都宮市昭和 1-8-11
　　　電話 028-625-1135（事業出版部）
　　　http://www.shimotsuke.co.jp

印刷・製本：晃南印刷株式会社
装丁：デザインジェム

©Keiko Ido 2015 Printed in Japan
ISBN978-4-88286-560-5　C0021

＊本書の無断複写・複製・転載を禁じます。
＊落丁・乱丁本はお取り替えいたします。
＊定価はカバーに明記してあります。